EL ARTE
DE LA
GUERRA
COMPLETO

Sun Tzu
y
Sun Pin

Introducción y traducción del chino clásico de
ALEJANDRO BÁRCENAS

VINTAGE ESPAÑOL
Una división de Penguin Random House LLC
Nueva York

PRIMERA EDICIÓN VINTAGE ESPAÑOL, FEBRERO 2021

Copyright de la traducción y la introducción © 2021 por Alejandro Bárcenas

Todos los derechos reservados. Publicado en los Estados Unidos de América por Vintage Español, una división de Penguin Random House LLC, Nueva York, y distribuido en Canadá por Penguin Random House Canada Limited, Toronto.

Vintage es una marca registrada y Vintage Español y su colofón son marcas de Penguin Random House LLC.

Información de catalogación de publicaciones disponible en la Biblioteca del Congreso de los Estados Unidos.

Vintage Español ISBN en tapa blanda: 978-0-593-31233-9
eBook ISBN: 978-0-593-31234-6

Para venta exclusiva en EE.UU., Canadá, Puerto Rico y Filipinas.

www.vintageespanol.com

Impreso en los Estados Unidos de América

10   9   8   7   6   5   4   3   2

ÍNDICE

EL ARTE

DE LA

GUERRA

COMPLETO

INTRODUCCIÓN

"El buen guerrero no es agresivo.
El que sabe vencer al enemigo no lo enfrenta".

Tao Te Ching, 68

"El Tao de los cielos consiste en
ganar la batalla sin luchar".

Tao Te Ching, 73.

EL ARTE DE LA guerra de Sun Tzu goza de un prestigio y una popularidad sorprendentes para ser un libro escrito hace más de dos mil años. Desde que fue compuesto por un estudioso de las artes militares, posiblemente durante la época Ch'un-ch'iu (771–476 a. C.) del período clásico de China, el tratado del llamado "Maestro Sun" no ha dejado de ser leído y comentado ampliamente. Su reputación ya se encontraba firmemente establecida para el siglo II a. C. y, con el paso del tiempo, fue sujeto a más de doscientas ediciones comentadas. La llegada del siglo XX no hizo sino darle nueva vida a este pequeño libro, pues atrajo a lectores interesados en las múltiples facetas presentes en el texto y lo convirtió en uno de los manuales de estrategia más leídos de los últimos tiempos.

¿Qué ha hecho que este pequeño tratado se haya convertido

en un fenómeno literario alrededor del mundo? En principio, Sun Tzu compuso un texto de naturaleza filosófica que se presta a interpretaciones versátiles; por consiguiente, sus pensamientos pueden ser aplicados al liderazgo en general, gracias a la posibilidad de adaptar el contenido de sus enseñanzas a muchos escenarios diversos. En otras palabras, *El arte de la guerra* parece contener y develar las doctrinas esenciales para alcanzar el éxito de muchas maneras y en muchos contextos.

Uno de los rasgos más interesantes del texto de Sun Tzu es que no pareciera haber sido compuesto como un libro de contenido estrictamente castrense —claramente el autor tenía una intención más amplia que la simple exposición de una serie de técnicas limitadas a las operaciones militares—, sino que se trata de una obra colmada de temas filosóficos que obligan al lector a examinarse a sí mismo, a analizar su relación con otros y a evaluar la naturaleza de las circunstancias, para así obtener un objetivo deseado. Por tanto, *El arte de la guerra* se presta para ser interpretado y aplicado a toda aquella situación que involucre la necesidad de resolver conflictos de una manera eficiente y expedita. Entre esas circunstancias también se encuentran, naturalmente, nuestros propios conflictos internos, por lo que el enemigo al que se refiere Sun Tzu puede expresarse de muchas formas a lo largo de nuestras vidas.

Hoy en día el tratado de Sun Tzu no solo forma parte del currículo de las academias militares más prestigiosas del mundo, sino que es lectura obligatoria en la mayoría de los cursos de gerencia y administración de empresas. Su popularidad fuera de la esfera militar creció en gran parte gracias a adaptaciones al ámbito de la gerencia empresarial originadas en Japón en la década de 1960. Las primeras de estas adaptaciones fueron realizadas durante un período de crecimiento económico sostenido, pero el gran desarrollo que experimentó Asia en las décadas de 1980 y 1990 incrementó el interés global en aplicar *El arte de la guerra* a la formación y el desarrollo de un liderazgo de calidad, dado que muchas compañías de Japón, Hong Kong y Singapur lo consideraban de lectura obligatoria e impartían cursos —algunos de hasta un mes de duración— especializados en este texto antiguo. Con posterioridad, la película *Wall Street,* de Oliver Stone, y la serie *Los Soprano,* entre otras obras audiovisuales, contribuyeron a afianzar su presencia en la cultura popular. Recientemente, varias figuras exitosas provenientes del ámbito deportivo como Bill Belichick, Luiz Felipe Scolari y Fernando Alonso han manifestado ser lectores asiduos de este antiguo tratado.

Cada día que pasa, nuevos lectores, sin importar su procedencia, encuentran en la sabiduría de Sun Tzu una fuente de inspiración capaz de trascender contextos y épocas disímiles, lo cual apunta a que el contenido del texto logra una popularidad inmediata entre públicos diversos gracias a una característica difícil de reproducir: una flexibilidad conceptual extraordinaria. Esta flexibilidad, a su vez, le otorga una gran versatilidad de aplicación para un sinnúmero de ambientes que requieren el manejo rápido y eficaz de una organización. Un elemento adicional, que quizás haya ayudado a su amplia aceptación, radica en que el texto en sí no contiene una cantidad significativa de referencias específicas a la cultura china; ello hace que un lector contemporáneo pueda fácilmente adentrarse en el mensaje de la obra, a pesar de que fue compuesta hace más de dos mil años en una región lejana de Oriente.

Ahora bien, el texto llegó traducido por primera vez a Occidente a finales del siglo XVIII, gracias al esfuerzo del jesuita francés Joseph-Marie Amiot, y gozó de cierta aceptación y difusión en Europa, donde fue publicado dos veces en diez años. Aunque no parecen existir datos históricos que lo confirmen, quizás haya sido leído por Napoleón Bonaparte. No obstante, lo cierto es que con el tiempo la obra fue relegada y casi olvidada por completo. Su popularidad resurge en el siglo XX, cuando Togo Heihachiro, Mao Tse-tung, Ho Chi Minh y Vo Nguyen Giap lo mencionan como inspiración de sus exitosas campañas militares. Desde entonces se lo considera un texto fundamental en la formación de oficiales en casi todo el mundo.

LOS AUTORES

A pesar de la fama del libro, poco se sabe con certeza de la vida del autor o los autores de *El arte de la guerra* de Sun Tzu. Los escasos datos que se conocen —casi todos basados en la biografía compuesta por Ssu-ma Ch'ien, el notable historiador del siglo II a. C.— indican que es probable la existencia de un gran experto en las artes militares contemporáneo de Confucio, y que aquel haya compuesto un tratado de renombre alrededor del 500 a. C. No obstante, existen ciertos indicios filológicos que situarían al autor de dicho tratado hacia el inicio del período de los Reinos Combatientes (475 a. C.–221 a. C.). Sin embargo, mientras la figura de Sun Tzu está envuelta por un halo de misterio, ya que no se la menciona en notables narrativas históricas de la época, sí hay datos provenientes de múltiples fuentes que confirman la existencia de Sun Pin (380–320 a. C.). La famosa batalla de Maling en 341 a. C., en la cual el rey Wei logró una victoria inesperada gracias a los consejos de Sun Pin y a las tácticas basadas en el engaño enseñadas por este, es un hecho histórico indiscutible y la existencia de sus partícipes ha sido confirmada en múltiples documentos.

En cuanto a Sun Tzu, tal nombre se encuentra asociado a una multiplicidad de figuras, entre ellas la de Sun Wu, del cual hay pocos indicios históricos. En la biografía compuesta por Ssu-ma Ch'ien, basada en anécdotas y comentarios apócrifos provenientes de múltiples fuentes escritas y orales, se dice que Sun Wu fue un gran erudito de las artes militares que vivió a finales del siglo VI a. C. Originario del Estado de Ch'i, ubicado en el norte de China, posteriormente se trasladó —por razones desconocidas— al Estado de Wu en la zona sur, donde sirvió como consejero del rey Helü (537–496 a. C.). Aparentemente este rey había leído su tratado sobre las artes militares y, una vez que hubo confirmado su extraordinaria capacidad, hizo que Sun Wu lo asistiera en la administración del Estado y lo ayudara a entrenar su ejército. En 506 a. C. Sun Wu fue uno de los comandantes que lideró la victoria en la batalla de Pochü, en la cual el pequeño Estado de Wu logró vencer al poderoso Estado de Chu, ocupando y posteriormente destruyendo su capital. Nada más se sabe de su vida más allá de estos eventos, ni de cómo acabó sus días. Lo poco que se puede inducir de su obra indica que esta fue compuesta en vida de Sun Wu —o quizás poco después de su fallecimiento— por discípulos o seguidores suyos, a partir de sus enseñanzas o de otras fuentes más antiguas.

Con respecto a Sun Pin, se sabe que vivió unos ciento cincuenta años después de Sun Tzu y, según Ssu-ma Ch'ien, fue descendiente de aquel. Su vida trascurrió durante la mitad del período de los Reinos Combatientes, cuando la cruenta guerra civil que caracterizó esta época estaba en su apogeo. El tipo y la escala de los combates cambiaron entonces de enfrentamientos relativamente pequeños entre aristócratas a batallas que involucraban enormes cantidades de tropas, lo que trajo como resultado que los conflictos tuvieran como consecuencia unos niveles de destrucción y muerte desconocidos hasta entonces. Por añadidura, estas masas formidables de soldados participaban en contiendas que involucraban con frecuencia el uso de armas y técnicas más sofisticadas que las usadas anteriormente, tales como las ballestas, la caballería y los asedios. Para el siglo V a. C. la guerra se había extendido a toda la región y, por tanto, se había convertido más que nunca en un asunto de absoluta sobrevivencia.

Al igual que Sun Tzu, Sun Pin nació y creció en el Estado de Ch'i, quizás porque este fuera el lugar de origen de la familia. En esa época la zona se encontraba asediada constantemente por sus poderosos vecinos, lo cual posiblemente motivó a Sun Pin a exilarse e ir a estudiar con el famoso ermitaño taoísta Kuei Ku Tzu, conocido como "el sabio del valle fantasma". Aunque la autenticidad de algunos de los documentos que mencionan a este personaje se encuentran en disputa, es notable que subrayen el hecho de que varios estrategas de prestigio estudiaran con él.

Dado que el ideograma Pin (臏) hace referencia a un tipo de mutilación al nivel de las rodillas, es posible que Sun Pin recibiera tal sobrenombre tras haber sido sujeto a un terrible castigo por su compañero de estudios P'ang Chüan. Según Ssu-ma Ch'ien, este tenía gran envidia de las habilidades tácticas de Sun Pin y, cuando ambos se encontraban al servicio del Estado de Wei, se las agenció para inculparlo mediante intrigas y engaños, lo que trajo como consecuencia que Sun Pin fuera castigado con el tipo de mutilación expresado en su nombre. Vale destacar que durante este período ser mutilado equivalía a ser expulsado de la sociedad. La cruel mutilación de la que fue objeto identificaría a Sun Pin como un criminal por el resto de su vida y, además, conllevaría una gran vergüenza para sus ancestros, dado que sus actos habían resultado en una agresión contra su integridad corporal.

Tras este episodio, poniendo de manifiesto la resiliencia y adaptabilidad presentes en sus enseñanzas, Sun Pin se presentó en secreto ante un mensajero del Estado de Ch'i que efectuaba una visita oficial a la capital de Wei. El mensajero quedó tan impresionado con su conocimiento sobre las artes militares que se lo llevó con él a Ch'i, donde T'ien Chi, el comandante del ejército, lo tomó bajo su protección y lo convirtió en su huésped de honor. Luego de una audiencia exitosa, el rey Wei le otorgó el cargo de consejero militar, y junto a T'ien Chi llevó adelante la exitosa campaña que culminó en la batalla de Maling, donde fueron capturados su antiguo adversario P'ang Chüan y el príncipe Shen del Estado de Wei. Después de este impresionante logro se pierde el rastro histórico y no se tiene más información acerca de su vida.

EL TEXTO

El descubrimiento en 1972 de una serie de tumbas intactas en Yin-Ch'üeh Shan, al sur de la provincia de Shantung —particularmente la de un aristócrata de la dinastía Han, estudioso de las artes militares, que data del siglo II a. C.—, propició el hallazgo de la copia más antigua de *El arte de la guerra* de Sun Tzu que se conoce hasta el momento. Esta copia sería mil años más antigua que el texto estándar, el cual proviene de la dinastía Sung (960–1279 d. C.); pero en dicha tumba se encontró algo aún más extraordinario, un texto que se consideraba perdido al menos desde el siglo III d. C.: *El arte de la guerra* de Sun Pin.

La última referencia a su existencia proviene de un catálogo de la biblioteca imperial compuesto durante el siglo I d. C. El texto llevaba tanto tiempo perdido —lo único que se conocía era el título—, que muchos reconocidos eruditos chinos habían puesto en duda que Sun Pin hubiese siquiera compuesto un libro, y algunos estimaban que era solo una leyenda, fruto de rumores infundados. De hecho, cuando *El arte de la guerra* de Sun Tzu fue incluido entre los *siete clásicos militares* durante la dinastía Sung, el texto de Sun Pin había desaparecido desde hacía siglos. El emperador Shen-Tsung (1067–1085) fue quien ordenó dicha compilación de las obras más representativas de la escuela del pensamiento antiguo militar, a partir de lo cual su estudio se convirtió en requisito esencial para aquellos que deseaban servir en el ejército imperial. Sin embargo, en nuestro tiempo tenemos el enorme privilegio de leer ambos textos homónimos, que desde la antigüedad eran considerados no solo complementarios, sino inseparables.

Tanto el libro de Sun Tzu como el de Sun Pin que se presentan en esta edición han sido traducidos a partir del texto proveniente de Yin-Ch'üeh Shan. Los trece capítulos del texto de Sun Tzu siguen la división y, en general, el contenido que se le ha conocido por siglos, excepción hecha del uso más frecuente de abreviaturas y algunas pequeñas discrepancias que parecen indicar los lugares donde ocurrieron inserciones posteriores. Con respecto al texto de Sun Pin, los dieciséis capítulos constituyen lo que se presume es la parte más auténtica de la obra. Existen capítulos adicionales —no incluidos en la presente traducción—, pero dados ciertos elementos estilísticos y divergencias en el contenido, han sido juzgados como adiciones posteriores, quizás compuestas por autores desconocidos.

Ambos manuscritos utilizan abreviaturas con gran fecuencia, lo cual hace que la traducción sea notoriamente compleja. Por otro lado, tal sistema de abreviaturas y su estilo rítmico podrían ser indicios de que al menos parte del texto era memorizado y transmitido de manera oral. Lo cierto es que las observaciones y el análisis de estos dos maestros de la estrategia eran considerados de gran valor, y los textos que han llegado a nuestros días dan muestras de haber sido meticulosamente transcritos por discípulos y admiradores, quienes trataron de plasmar de la manera más precisa posible sus enseñanzas con la intención de preservarlas para la posteridad.

Ahora bien, dado que *El arte de la guerra* de Sun Tzu fue compuesto y compilado con anterioridad al de Sun Pin, se le considera el texto dedicado a temas militares más antiguo de la historia de China. Gracias a los recientes hallazgos arqueológicos, es posible concluir que para 118 a. C. ya habría tomado, al menos en su mayor parte, el contenido y la estructura que se le conocen actualmente. Aun así, en algunas instancias —y esto es más notorio en el caso del texto de Sun Pin—, partes del tratado se encuentran muy fragmentadas o incompletas. Ambos textos fueron reconstruidos a partir de unas seiscientas tablillas de bambú, de un total de cinco mil, que sobrevivieron por más de dos mil años en diferentes estados de descomposición y, aunque las labores de catalogación y reconstrucción fueron muy meticulosas, hay partes que son simplemente ilegibles o han desaparecido por completo. Para la presente traducción se ha intentado tener el mayor rigor posible al presentar ambos textos de la manera más completa y coherente posible, teniendo siempre en cuenta el estado original del material proveniente de Yin-Ch'üeh Shan.

Para concluir, la intención del presente trabajo es ofrecerle por primera vez al público de habla hispana la posibilidad de leer una traducción directa y rigurosa del chino clásico de ambos textos de *El arte de guerra.* Por consiguiente, se ha hecho un particular esfuerzo en acercar al lector lo más posible a la obra original, preservando la profundidad de la terminología filosófica de Sun Tzu y Sun Pin, pero con un lenguaje claro y asequible. Para ello fueron consultados tanto la versión estándar como el manuscrito más antiguo de la obra de Sun Tzu, así como el único existente del texto de Sun Pin, los cuales, como se ha mencionado anteriormente, fueron descubiertos en las excavaciones arqueológicas de Yin-Ch'üeh Shan y datan del siglo II a. C.

—Alejandro Bárcenas

EL ARTE DE LA GUERRA

孫子兵法

Sun Tzu

I

LA PLANIFICACIÓN

始計

EL MAESTRO SUN DIJO:

La guerra, de la cual dependen la vida o la muerte, es un asunto de gran importancia para el Estado. Es el terreno donde se decide la vida y la muerte. Es el Tao que conduce a la existencia o a la destrucción. Por tanto, debe ser examinado con gran cuidado.

El resultado de la guerra depende de cinco criterios que han de ser considerados y comparados para poder precisar las características de una situación. El primer criterio es el Tao; el segundo, el clima; el tercero, la topografía; el cuarto, el mando; y el quinto, las normas.

Por el Tao se ha de comprender lo que hace que la gente esté de acuerdo con sus superiores, de manera tal que puedan enfrentar un enemigo, y morir o vivir, y aun así no sentir miedo o peligro.

Por el clima se ha de comprender la alternancia entre el *yin* y el *yang,* el frío y el calor, además del cambio de las estaciones.

Por la topografía se han de comprender las características del terreno; es decir, sus distancias, su peligrosidad, su seguridad y sus dimensiones, y si permitirá la supervivencia o conducirá a la muerte.

Por el mando se han de comprender la sabiduría, la credibilidad, la consumación, el valor y la severidad necesarios para ejercerlo.

Por las normas se han de comprender la efectividad de la organización, las acciones de los oficiales y la estructura logística.

Todo comandante ha de atender a estos cinco criterios, porque solo aquel que los comprenda alcanzará la victoria, mientras que aquel que no los comprenda será vencido.

Por tanto, un comandante ha de considerar y comparar estos cinco criterios para poder precisar las características de una situación y, asimismo, se ha de preguntar lo siguiente para poder evaluarla:

¿Qué gobernante posee el Tao?

¿Quién tiene capacidad de mando?

¿Quién comprende el clima y la topografía?

¿Quién sabe ejecutar las normas?

¿Quién tiene el ejército más fuerte?

¿Quién tiene los soldados mejor entrenados?

¿Quién lleva a cabo con claridad un sistema de
    recompensas y castigos?

Considero que quien posea las respuestas sabrá quién resultará vencido o victorioso.

El comandante que atienda mis consejos acerca de la planificación y los aplique, seguramente alcanzará la victoria. Por tanto, debe ser conservado en su puesto. El comandante que no atienda mis consejos acerca de la planificación, seguramente será derrotado. Por tanto, debe ser removido de su puesto.

El que atienda a mis consejos podrá lograr una planificación beneficiosa y así logrará obtener una posición estratégica que asistirá a las circunstancias exteriores. Por la posición estratégica entiendo la ponderación que conduce al aprovechamiento de las circunstancias para así lograr que una situación se torne beneficiosa.

> El Tao de la guerra es el engaño.
> Si eres hábil, muestra inhabilidad.
> Si eres capaz, muestra incapacidad.
> Si estás cerca, muestra estar lejos.
> Si estás lejos, muestra estar cerca.

Si el enemigo es propenso al lucro, tiéntalo; si está en estado caótico, atrápalo; si es próspero, prepárate; si es fuerte, evádelo; si es irritable, provócalo; si es humilde, endiósalo; si es perezoso, hazlo trabajar hasta desgastarlo; si es unido, divídelo. Atácalo donde no esté preparado y actúa donde no lo advierta. Con ello se logrará la victoria, aunque esta nunca puede predecirse de manera absoluta.

Si al planificar la guerra en el templo se observan cálculos favorables, se obtendrá como resultado la victoria. Si se observan cálculos desfavorables, se obtendrá como resultado la derrota. ¿Cómo será la situación de aquel que no realice cálculos precisos?

Cuando examino todos estos elementos, las condiciones para alcanzar la victoria son claras.

II

ENTABLAR LA GUERRA

作戰

EL MAESTRO SUN DIJO:

Estas son las normas que rigen el arte de la guerra:

Al desplegar mil carros ligeros, mil carros revestidos de cuero, cien mil soldados con sus armaduras y provisiones para mil *li* (500 kilómetros) se han de tener presentes los gastos internos y externos, entre los cuales se encuentran los gastos en misiones diplomáticas y en materiales —como el pegamento y la laca—, y los dedicados al mantenimiento de los carros y las armaduras. Solo tras poder costear un gasto diario de mil unidades de oro es posible movilizar un ejército de cien mil soldados.

Al librar una batalla, busca una victoria expedita. Si se prolonga su alcance, las armas se mellan y los soldados se fatigan. Si sitias ciudades amuralladas, se consumen tus fuerzas. Si prolongas la lucha en exceso, no tendrás suficientes recursos en tu territorio. Una vez que se hayan mellado las armas, fatigado los soldados, consumido tus fuerzas y agotado los recursos, entonces los gobernantes vecinos aprovecharán tus acciones erradas para atacarte. Aun teniendo a un sabio consejero, no podrás hacer nada para revertir la situación a tu favor.

En la guerra he oído de acciones tontamente precipitadas, pero nunca de acciones hábilmente prolongadas. Nunca ha habido un Estado que se beneficie de una guerra prolongada.

Aquel que no conozca a plenitud los efectos dañinos de la guerra tampoco conocerá sus beneficios. Quien sabe librar la guerra con eficacia, no necesita suplirse dos veces de soldados, ni tres veces de provisiones. Por el contrario, sabe tanto suplirse de las provisiones existentes en su Estado como aprovecharse de las provisiones del enemigo. De esa manera sus soldados estarán siempre abastecidos. Un Estado se empobrece cuando tiene que transportar un ejército por una distancia extensa. Más aún, si se transporta un ejército por una distancia extensa, toda la gente se empobrecerá.

Por donde pasa un ejército, los precios aumentan. Si aumentan los precios, los recursos de la gente se agotarán. Si se agotan los recursos de la gente, estarás obligado a subir los impuestos para financiar el ejército. De ser así, tus fuerzas se consumirán, tus posesiones desaparecerán y las familias se arruinarán. El desgaste de la gente será equivalente a la séptima parte de sus posesiones, y el desgaste de las arcas públicas —con respecto a la reparación de los carros de combate y al tratamiento de los caballos por su agotamiento, así como a la reposición de armaduras, cascos, flechas, arcos, ballestas, lanzas, escudos y bueyes— será equivalente a su sexta parte.

Un comandante sabio se esfuerza al máximo por abastecer sus tropas aprovechándose del enemigo. El uso de una medida de alimentos y una de forraje pertenecientes al enemigo equivale a veinte de las tuyas. Para eliminar al enemigo, incita la furia. Para capturar los bienes del enemigo, incita la búsqueda de riqueza. Por tanto, en una batalla entre carros de combate, donde se han capturado diez de ellos, recompensa al primero en lograrlo y sustituye las banderas y estandartes del enemigo por los tuyos. Incorpora los carros capturados a los tuyos y envíalos de nuevo a la batalla. Cuida y trata correctamente a los prisioneros. A esto se le conoce como "saber incrementar el poderío mientras se vence al enemigo".

En la guerra, busca una victoria expedita y no una lucha prolongada. El que sabe comandar en la guerra regula el destino de las personas; es decir, rige sobre la calma o el desasosiego del Estado.

III

ESTRATEGIAS OFENSIVAS

謀攻

EL MAESTRO SUN DIJO:

Estas son las normas que rigen el arte de la guerra:

Es preferible preservar y mantener un Estado que destruirlo. De igual manera, es preferible preservar y mantener un ejército, un batallón, una compañía y hasta una escuadra de cinco hombres, que destruirlos. Por ende, la acción de mayor virtud no consiste en alcanzar cien victorias en cien batallas. En la guerra, la acción de mayor virtud consiste en doblegar al enemigo sin combatir.

Es así como en la guerra la mejor acción es el ataque de estrategias; en segundo lugar, el ataque de alianzas, y en tercer lugar, el ataque de tropas; mientras que la peor acción sería lanzar ofensivas contra ciudades amuralladas. Solo se debe lanzar ofensivas contra ciudades amuralladas cuando no se tenga otra alternativa. La construcción de vehículos acorazados y torres de asedio, así como el acopio de todas las armas y materiales necesarios, es un proceso que tarda en completarse unos tres meses, mientras que hacer rampas de tierra en las murallas enemigas tomará otros tres meses. El que comanda no logrará la victoria si toma decisiones cuando está enfurecido; más bien acabará con uno de cada tres soldados y encima no conquistará la ciudad. Este es el tipo de desgracias que conlleva proseguir este tipo de ataque.

Por ello, quien sabe librar la guerra con eficacia, sabe doblegar al enemigo sin combatir, tomar ciudades amuralladas sin atacar y destruir un Estado sin dilatarse. De esta manera, al mantenerse intacto, podrá conquistar el mundo. Por tanto, los soldados no se fatigan y las armas mantienen su filo. En esto consisten las normas de la estrategia ofensiva.

Quien sabe las normas que rigen el arte de la guerra, rodea al enemigo si tiene diez veces su fuerza, lo ataca si tiene cinco veces su fuerza y lo divide si lo duplica en fuerzas. Si las fuerzas son iguales, debes ser capaz de combatirlo. Si son inferiores, debes ser capaz de defenderte, y si no puedes confrontarlo debes ser capaz de evadirlo. Lo que protege a un ejército pequeño solo hará que uno grande sea capturado.

El que comanda desempeña el papel de ser un elemento estabilizador en el Estado. Si el elemento estabilizador está en su lugar, con certeza el Estado será fuerte; pero si es defectuoso, con certeza el Estado será débil.

Existen tres motivos por los cuales el gobernante hará que su ejército sufra:

No saber que el ejército no tiene la capacidad de avanzar y, a pesar de ello, ordenarle avanzar o no saber que el ejército no tiene la capacidad de retirarse y, a pesar de ello, ordenarle retroceder. A esto se le conoce como "atar al ejército".

No conocer los asuntos militares y, a pesar de ello, interferir en su administración, lo cual confundirá a los oficiales.

No conocer lo que compete al mando del ejército y, a pesar de ello, interferir en los nombramientos, lo cual hará que se pierda la confianza de las tropas.

Una vez que el ejército esté confundido y haya perdido la confianza, los Estados vecinos atacarán. A esto se le conoce como "crear caos en el ejército y atraer la victoria del enemigo".

Existen cinco factores que permiten saber quién alcanzará la victoria:

Alcanzará la victoria quien sepa cuándo combatir y cuándo no.

Alcanzará la victoria quien entienda cómo utilizar la inferioridad o la superioridad numérica.

Alcanzará la victoria quien unifique los deseos de superiores e inferiores.

Alcanzará la victoria quien, estando preparado, confronte a un enemigo que no lo esté.

Alcanzará la victoria quien tenga un comandante capaz y un gobernante que no interfiera.

Estos cinco factores son el Tao para saber alcanzar la victoria.

Por tanto, se dice:

Conoce a tu enemigo y conócete a ti mismo, y en cien batallas no encontrarás peligro.

Si no conoces a tu enemigo, pero te conoces a ti mismo, en algunas ocasiones vencerás y en otras perderás.

Si no conoces a tu enemigo ni te conoces a ti mismo, en todas las batallas serás vencido.

IV

LA FORMA

軍形

EL MAESTRO SUN DIJO:

En la antigüedad sabían combatir con eficacia: primero se hacían invulnerables y luego esperaban a que el enemigo expusiera su vulnerabilidad. La invulnerabilidad depende de uno mismo; la vulnerabilidad depende del enemigo. Por tanto, al combatir eficazmente uno puede hacerse invulnerable, pero no puede hacer vulnerable al enemigo. Por ello es que se dice:

Es posible saber cómo alcanzar la victoria y no poder llevarla a cabo.

La invulnerabilidad depende de la defensa; la vulnerabilidad depende del ataque. Se debe adoptar una postura defensiva si el enemigo tiene una fuerza superior. Se debe atacar si la fuerza del enemigo es deficiente. En la defensa eficaz uno ha de ocultarse como si quisiera estar enterrado en los confines más profundos de la tierra. En el ataque eficaz uno ha de golpear como si viniera desde el punto más elevado de los cielos. De esa manera uno es capaz de protegerse a sí mismo y preservar la victoria.

El que logre ser victorioso de manera evidente, pero sin hacer nada que supere el sentido común de la gente, no puede ser considerado una persona virtuosa. El que logre ser victorioso en una batalla, aunque todo el mundo se lo reconozca, tampoco puede ser considerado una persona virtuosa. De igual manera, levantar pelusas otoñales no significa tener gran fuerza, como tampoco observar el sol y la luna significa ser clarividente, ni oír los truenos de una tormenta significa tener un buen oído.

En la antigüedad, el que combatía virtuosamente alcanzaba la victoria fácilmente. La victoria que se alcanzaba al combatir virtuosamente no era excepcional ni le merecía reconocimiento. No se celebraba su coraje o su mérito, ya que sus victorias en la guerra carecían de errores. No cometía errores porque actuaba cuando la victoria estaba asegurada y el enemigo estaba derrotado de antemano. Por tanto, el que combate virtuosamente ocupa un terreno donde no puede ser derrotado y no pierde la oportunidad de vencer al enemigo. Un ejército vencedor obtiene la victoria primero y lucha después; un ejército vencido lucha primero y busca la victoria después.

El que sabe combatir virtuosamente cultiva el Tao y mantiene las normas, por tanto puede regular las victorias o las derrotas.

Estas son las normas que rigen el arte de la guerra: primero, los cálculos; segundo, las cantidades; tercero, la logística; cuarto, la ponderación de las fuerzas; quinto, la posibilidad de la victoria.

Los cálculos se basan en la topografía. Las cantidades disponibles de bienes se basan en estos cálculos. La fortaleza logística se basa en las cantidades disponibles de bienes. La ponderación de las fuerzas se basa en la fortaleza logística, y la posibilidad de la victoria se basa en la ponderación de las fuerzas.

Comparar un ejército vencedor con uno vencido es como comparar un objeto que pesa seiscientas veces más que otro y viceversa. Debido a la forma, un ejército efectivo alcanza la victoria porque tiene una fuerza similar a la del agua que, represada en lo alto, se precipita impetuosamente sobre un valle.

V

LA POSICIÓN ESTRATÉGICA

兵勢

EL MAESTRO SUN DIJO:

La organización es lo que hace que gobernar sobre una gran cantidad de personas sea equivalente a gobernar sobre una cantidad pequeña. La formulación y la implementación de las órdenes es lo que hace que luchar contra una gran cantidad de soldados sea equivalente a luchar contra una cantidad pequeña. Las operaciones ocultas y regulares son lo que hace que tu ejército pueda resistir el embate de toda la fuerza enemiga y que, aun así, no sea derrotado. El vacío y la plenitud hacen que el peso de tu ejército sea como el de una rueda de molino que es arrojada sobre un huevo.

En las batallas se han de utilizar las operaciones regulares para confrontar al enemigo y las operaciones ocultas para alcanzar la victoria. Por tanto, aquel que es virtuoso en el uso de las operaciones ocultas es ilimitado como los cielos y la tierra e inagotable como los ríos y los océanos. Como el sol y la luna, que se ponen para luego retornar, y como las cuatro estaciones, que mueren para luego retornar a la vida.

No hay más que cinco notas primarias; sin embargo, al combinarse, producen más sonidos de los que es posible escuchar. No hay más que cinco colores primarios; sin embargo, al combinarse producen más tonalidades de las que es posible observar. No hay más que cinco sabores primarios; sin embargo, al combinarse producen más sabores de los que es posible degustar. Para obtener una posición estratégica en la batalla, no existen más que operaciones ocultas y operaciones regulares; sin embargo, al combinarse generan innumerables posibilidades. Así como un anillo no tiene ni principio ni final, las operaciones ocultas y regulares se generan mutuamente sin fin. ¿Quién puede agotar sus posibilidades?

Que un torrente de agua pueda acarrear rocas se debe a su posición estratégica. Que un ave de presa pueda despedazar a su víctima cuando la ataca se debe a que lo hace en el momento adecuado. Así, el experto en la batalla canaliza la posición estratégica y es preciso con respecto al momento adecuado. La posición estratégica es como una ballesta que ha sido tensada y el momento preciso es el disparo del gatillo. A pesar de estar en medio de la aglomeración y de la contienda, a pesar de su completa confusión, nunca se encuentra confundido. A pesar de estar en medio de la aglomeración y la contienda, a pesar de que las posiciones cambian constantemente, no puede ser vencido.

El desorden nace del orden; la cobardía, de la valentía; la debilidad, de la fuerza. La línea que separa el desorden del orden se encuentra en la logística. La línea que separa la cobardía de la valentía se encuentra en la posición estratégica, y la línea que separa la debilidad de la fuerza se encuentra en la forma. Así, el experto que logra mover al enemigo, deja ver su forma y con seguridad el enemigo le seguirá. Le ofrece un señuelo y con seguridad el enemigo lo buscará. Tienta al enemigo, lo moviliza y espera por él con todas sus fuerzas.

El experto en la batalla busca la victoria basándose en la posición estratégica y no la exige a sus soldados. Por ello puede escoger a los mejores y aprovechar la posición estratégica. Aquel que aprovecha la posición estratégica envía a sus soldados a la batalla como si fueran troncos y rocas rodantes. La naturaleza de los troncos y las rocas es ser estacionarios en terreno plano y rodar en terreno empinado. Las figuras cuadradas se detienen, pero las redondas tienden a rodar. Así, la posición estratégica del experto en la batalla que aprovecha a sus soldados se puede comparar con rocas redondas que ruedan por la pendiente de una gran montaña, lo cual dice mucho sobre su posición estratégica.

VI

EL VACÍO Y LA PLENITUD

虛實

EL MAESTRO SUN DIJO:

Generalmente, el que ocupa primero el campo de batalla para así esperar al enemigo, estará descansado. El que llega tarde y apresurado a la batalla estará cansado. Por tanto, el experto en la batalla mueve al enemigo y el enemigo no lo mueve a él. Hacer que el enemigo se mueva según la voluntad del experto es una manera de facilitar las cosas. Hacer que el enemigo se quede inmóvil según la voluntad del experto es una manera de obstruirlo. Por tanto, ser capaz de desgastar a un enemigo descansado, hacer pasar hambre a un enemigo aprovisionado y mover a un enemigo instalado se logra yendo a lugares que el enemigo debe apresurarse para defenderlos.

Se puede marchar mil *li* (500 kilómetros) sin fatigarse si se marcha a través de un territorio donde no hay enemigos presentes. Se ataca con la confianza de alcanzar el objetivo si se ataca lo que el enemigo no defiende. Se defiende con la confianza de mantenerse seguro si se defiende donde el enemigo no atacará. Así, cuando lucha contra el experto en la guerra, el enemigo no sabe dónde defenderse ni dónde atacar.

> *Oculto, al punto de no tener forma alguna.*
> *Misterioso, al punto de no hacer sonido alguno.*
> *Por ello el destino del enemigo queda en sus manos.*

Cuando avanza, no se le puede oponer resistencia, porque avanza en los vacíos del enemigo. Cuando se retira, no puede ser perseguido, porque al ser veloz no puede ser capturado.

Por tanto, si queremos luchar, el enemigo no tiene otra opción que enfrentarnos, aunque construya murallas altas y cave fosas profundas, porque ataca lo que debe rescatar. Si no queremos combatir, el enemigo no puede enfrentarnos, aunque no tenga a su alrededor más que una línea en el suelo, porque lo desviamos hacia otra parte.

Si podemos hacer que el enemigo muestre su posición en tanto escondemos la nuestra, tendremos toda nuestra fuerza, mientras que el enemigo estará dividido. Si nuestro ejército está unido en tanto el ejército del enemigo está dividido, al atacarlo seremos muchos y ellos pocos. Si podemos usar muchos para atacar a pocos, quienquiera que confrontemos en una batalla se encontrará en una situación desesperada.

El lugar que se ha escogido para la batalla debe permanecerle oculto. Si no nos puede anticipar, el enemigo deberá prepararse para defender muchas posiciones; entonces en cualquier lugar en que lo confrontemos sus fuerzas no serán numerosas. Así, si el enemigo se prepara reforzando sus números en el frente, su retaguardia se debilita; si se prepara en la retaguardia, su frente se debilita. Si se prepara en el flanco izquierdo, su flanco derecho se debilita; si lo hace en su flanco derecho, su flanco izquierdo se debilita. Prepararse por todos lados es ser débil por todos lados.

El que es débil hace preparaciones con respecto a otros; el que es fuerte hace que otros se preparen respecto a él. Por ende, si uno puede anticipar el lugar y el día de la batalla, puede marchar mil *li* (500 kilómetros) para llegar a ella; pero si uno no puede anticipar ni el lugar ni el día de la batalla, el flanco izquierdo no podrá ni siquiera rescatar al derecho ni el derecho al izquierdo; el frente no podrá rescatar a la retaguardia ni la retaguardia al frente. Esta situación empeora aún más si los refuerzos están separados por al menos unos cuantos *li* o inclusive decenas de *li*.

Lo estimo así: aunque las tropas de Yueh sean numerosas, ¿de qué le sirven para obtener la victoria?

Por tanto se dice:

La victoria puede ser alcanzada. Aunque el enemigo sea numeroso podemos evitar que nos confronte.

Analiza los planes de batalla del enemigo para entender sus méritos y sus debilidades.

Provócalo para que revele los patrones de sus movimientos.

Haz que revele su forma para que muestre la viabilidad de su posición de ataque.

Ponlo a prueba para ver dónde es fuerte y dónde es vulnerable.

La mejor forma del ejército es no tener una forma invariable. Si la forma del ejército no tiene una forma invariable, aun los espías más ocultos no podrán observarla y los consejeros más sabios no podrán planificar contra ella.

Le presento a la gente victorias adquiridas a través de la forma del ejército, pero no son capaces de comprenderlas. Perciben la forma que me hizo victorioso, pero no entienden cómo adquirir la forma para obtener la victoria. Por tanto, las victorias en las batallas no pueden ser repetidas; toman su forma de acuerdo a las circunstancias.

La forma del ejército puede ser comparada con la forma del agua. Así como el agua evita los lugares altos y se apresura a los bajos, la forma militar evita el sitio en que el enemigo es pleno y lo ataca donde tiene un vacío. Así como el agua varía su flujo de acuerdo a la inclinación del terreno, un ejército varía su sistema para adquirir la victoria.

Por consiguiente, un ejército no tiene una posición estratégica invariable ni una forma invariable. Ser capaz de alcanzar la victoria cambiando de acuerdo al enemigo se le conoce como algo inescrutable.

Así, entre los cinco elementos, ninguno es superior a los otros.

De las cuatro estaciones, ninguna ocupa una posición constante.

Los días son cortos y largos; la luna mengua y crece.

VII

EL CONFLICTO ARMADO

軍爭

EL MAESTRO SUN DIJO:

Estas son las normas del arte de la guerra:

Si se comparan los procesos en los cuales el comandante recibe las órdenes del gobernante, reúne sus ejércitos, moviliza a la población para la guerra y establece su campamento frente al enemigo, no existe dificultad que se le parezca al conflicto armado en sí. Lo que es difícil en el conflicto armado es cambiar una larga y tortuosa ruta por otra que sea directa, y convertir la adversidad en una ventaja. Así, haz que el camino del enemigo sea largo y tortuoso. Atráelo poniéndole señuelos con ganancias fáciles a lo largo del camino. Sal después de él, pero llega antes. Esto es para entender la táctica de convertir lo directo y lo tortuoso.

El conflicto armado puede tornarse en una fuente tanto de ventaja como de peligro. Si movilizas todas tus fuerzas para obtener una ventaja, llegas muy tarde; si abandonas tu campamento para obtener una ventaja, tus equipos y depósitos se perderán. Por esta razón, si un ejército fuese a almacenar sus armaduras y salir de prisa, sin detenerse ni de día ni de noche, forzando su marcha al doble durante cien *li* para así obtener una ventaja, sus comandantes se perderán, todos sus hombres más fuertes estarán al frente, los exhaustos se retrasarán quedándose en la retaguardia y, como regla, solo un décimo de su fuerza llegará al objetivo.

Si se marcha cincuenta *li* (25 kilómetros) a ese ritmo para obtener una ventaja, el comandante de la fuerza de avanzada se perderá y, como regla, solo la mitad de su fuerza llegará al objetivo. Si se marcha treinta *li* (15 kilómetros) a ese ritmo para luchar por una ventaja, solo dos tercios de su fuerza llegarán al objetivo. Por esta razón, si un ejército se queda sin sus equipos y sin sus depósitos, perecerá; si se queda sin provisiones, perecerá; si se queda sin soporte material, perecerá.

Por tanto, a menos que conozcas las intenciones de los gobernantes de los Estados vecinos, no podrás hacer alianzas preliminares con ellos.

A menos que conozcas la configuración del terreno, sus montañas y bosques, sus pasos y obstáculos naturales, sus ciénagas y pantanos, no podrás desplegar el ejército sobre este.

A menos que puedas emplear guías locales, no lograrás hacer que el terreno pueda ser usado para tu ventaja.

Así, en la guerra, usa maniobras engañosas para establecer tu posición, calcula las ventajas cuando decidas tus movimientos, y divide y consolida tus fuerzas para llevar a cabo cambios estratégicos.

Avanzando de esa manera, el ejército es expedito como el viento.

Lento y majestuoso como el bosque.

Invade y saquea como el fuego.

Es estable como la montaña.

Inescrutable como la oscuridad.

En movimiento, como el rayo y el trueno.

Al saquear un territorio, divide tus tropas. Al extender tu territorio, divídete y mantén los lugares estratégicos. Evalúa las ventajas y las desventajas antes de emprender la acción.

El que primero entienda la estratagema de convertir lo tortuoso y lo directo obtendrá la victoria. Estas son las normas del arte de la guerra.

El *Libro de la administración militar* dice: "Es debido a que las órdenes no pueden ser escuchadas en medio de la batalla que se usan tambores e instrumentos de metal. Es debido a que las unidades de batalla no se pueden ver entre sí cuando luchan que se usan banderas y estandartes". Los tambores, los instrumentos de metal, las banderas y los estandartes son la manera de coordinar los oídos y la vista de las tropas. Una vez que las tropas se hayan consolidado en una unidad, los valientes no tendrán que avanzar solos y los cobardes no podrán retroceder solos. Estas son las normas que rigen el despliegue de tropas numerosas.

A todo un ejército se le puede despojar de su energía vital y a su comandante se le puede despojar de su entendimiento. Ahora bien, en la mañana de la batalla, la energía vital está alta, hacia el mediodía empieza a decaer y para la noche se ha desvanecido. Por tanto, el experto en la guerra evita el enemigo cuando su fuerza vital es fuerte y lo ataca cuando su fuerza vital ha decaído y se va desvaneciendo. Esta es la manera de gobernar la fuerza vital.

Usa tu gobierno en el campo de batalla para esperar el caos en el enemigo. Utiliza la calma para esperar su clamor. Esta es la manera de gobernarse a uno mismo.

Usa tu cercanía al campo de batalla para esperar a un enemigo lejano. Usa tus tropas descansadas para esperar que el enemigo se fatigue. Usa tus tropas aprovisionadas para esperar que el enemigo esté hambriento. Esta es la manera de gobernar la fortaleza.

No intercep012es a un enemigo que tenga sus estandartes perfectamente arreglados. No lances un ataque contra un enemigo que tenga sus formaciones muy bien disciplinadas. Esta es la manera de gobernar las condiciones cambiantes.

Por tanto, las normas que rigen el uso de las tropas son estas:

No ataques a un enemigo que ocupe una posición elevada.

No ataques a un enemigo que tenga una colina a sus espaldas.

No sigas a un enemigo que finge la retirada.

No ataques las tropas élite del enemigo.

No caigas en los señuelos del enemigo.

No obstruyas a un enemigo que retorna a su hogar.

No rodees al enemigo sin dejarle una ruta de salida.

No presiones un enemigo que está arrinconado.

Estas son las normas que rigen el uso de las tropas.

VIII

LAS NUEVE
CONDICIONES CAMBIANTES

九變

EL MAESTRO SUN DIJO:

Estas son las normas que rigen el arte de la guerra:

Cuando el comandante recibe órdenes del gobernante, reúne sus ejércitos y moviliza a la población para la guerra, no debe acampar en terreno difícil. Debe reunirse con sus aliados en intersecciones estratégicas y no debe permanecer en terrenos aislados. Debe tener planes de contingencia en terrenos vulnerables a emboscadas y debe llevar la batalla a terrenos donde no haya escapatoria. Hay caminos que no deben ser transitados, ejércitos que no deben ser atacados, ciudades amuralladas que no deben ser asaltadas, territorios que no deben ser disputados y órdenes del gobernante que no deben ser acatadas.

Un comandante que comprenda las ventajas que se obtienen cuando uno se adapta a las nueve condiciones cambiantes sabrá cómo emplear las tropas. Un comandante que no las comprenda, sin importar que conozca las diversas configuraciones del terreno, no podrá utilizarlas para su propia ventaja. Si el que comanda las tropas no conoce los métodos para adaptarse a las nueve condiciones cambiantes, aun conociendo las cinco ventajas, no podrá emplear las tropas de manera efectiva.

Por ello, el sabio considera con seguridad tanto las ventajas como las desventajas. Al tomar en cuenta lo que es ventajoso, puede cumplir con su tarea. Al tomar en cuenta las desventajas, la adversidad puede ser resuelta.

Así, para subyugar a los Estados vecinos, utiliza la amenaza de la destrucción; para que sean serviciales, mantenlos atareados; para atraerlos a la batalla, usa el prospecto de alguna ganancia.

Por tanto, las normas que rigen el uso de las tropas son estas:

No dependas de que el enemigo no acuda; por el contrario, depende de que estés listo para su encuentro. No dependas de que el enemigo no ataque; por el contrario, depende de que tengas una posición inexpugnable.

Hay cinco razones por las cuales se puede peligrar:

Si sufres de temeridad, morirás.

Si te aferras a la vida, serás capturado.

Si tienes un temperamento volátil, podrás ser provocado.

Si presumes de una honestidad incorruptible, podrás ser humillado.

Si te apegas al amor por el pueblo, te sentirás fácilmente angustiado.

Estas cinco razones conducen a cometer grandes errores y a catástrofes en la conducción de las tropas. Las causas de la aniquilación del comandante y de su ejército se encuentran en estas cinco razones, por ello deben ser consideradas con gran cuidado.

IX

EL DESPLIEGUE
DE LAS TROPAS

行軍

EL MAESTRO SUN DIJO:

Al posicionar las tropas y evaluar al enemigo:

Si se ha de pasar a través de las montañas, sigue los valles. Haz campamento en una zona alta del lado soleado y al llevar a cabo una batalla en una pendiente, no luches ascendiendo. Este es el posicionamiento de las tropas en las zonas montañosas.

Si se ha de cruzar un río, debes distanciarte de él. Cuando las fuerzas enemigas crucen un río, no busques encontrarte con ellas en el medio. Es ventajoso dejarlas cruzar hasta el medio y luego atacarlas. Cuando desees combatir al enemigo, no luches con él cerca de un río. Toma la posición más alta del lado soleado y que no se encuentre contra corriente. Este es el posicionamiento de las tropas cuando se está cerca de un río.

Si se ha de pasar por una zona pantanosa, simplemente atraviésala aprisa y sin detenerte. Si tienes que combatir las fuerzas enemigas en medio de un pantano, debes tomar posición cerca de la vegetación y del río, protegiendo tu retaguardia con un bosque. Este es el posicionamiento de las tropas en una zona pantanosa.

En las planicies, posiciónate en campo abierto, con tu flanco derecho de espaldas a un terreno elevado, teniendo el terreno de confrontación al frente y el seguro detrás. Este es el posicionamiento de las tropas en las planicies.

Con la ventaja ganada por su ejército y siguiendo estos cuatro principios, el emperador amarillo logró vencer a los emperadores que gobiernan los cuatro puntos cardinales.

En términos generales, los ejércitos prefieren los terrenos elevados y detestan los bajos, aprecian los soleados y desdeñan los sombríos, buscan asentarse donde las provisiones son abundantes y se pueden fortalecer, y desean estar libres de enfermedades. Estas condiciones llevan a una victoria segura.

Al encontrar colinas, montículos, diques y terraplenes, debes posicionarte del lado soleado y colocar tu flanco derecho con la retaguardia resguardada por su inclinación. Esto les dará la ventaja a tus tropas y les permitirá auxiliarse con todo aquello que el terreno ofrezca.

Cuando llueva en las partes altas de los ríos y el caudal descienda agitado, no trates de cruzarlos; espera a que baje la crecida para atravesarlos. Al encontrar desfiladeros empinados, hondonadas profundas, gargantas montañosas, matorrales, ciénagas y grietas, escapa de esos lugares lo antes posible. No te les acerques. Al mantener nuestra distancia de ellos podemos conducir al enemigo hacia ellos. Al mantener esos lugares en nuestro frente, podemos llevar al enemigo a que los tenga en su retaguardia.

Si el ejército está flanqueado por pasos angostos, lagos estancados, juncos y cañas, montañas boscosas y vegetación densa, estos lugares deben ser explorados repetidamente y con cuidado, porque es allí donde se generan emboscadas.

Si el enemigo está cerca y permanece tranquilo es porque ocupa una posición peligrosa. Si el enemigo está distante pero nos incita a luchar es porque quiere que avancemos donde él ocupa un lugar seguro y posee la ventaja.

Si hay movimiento en los árboles es porque se acerca. Si se crean obstáculos con los arbustos es porque quiere confundirnos. Si las aves levantan vuelo es porque está preparando una emboscada. Si los animales salen en estampida es porque está preparando un ataque sorpresa. Si el polvo se levanta a gran altura es porque sus carros de guerra se aproximan. Si el polvo se queda bajo y se expande es porque sus tropas de infantería se acercan. Si el polvo se dispersa en hileras irregulares es porque está reuniendo leña. Si unas pocas nubes de polvo van y vienen es porque está montando campamento.

Si el enemigo se comunica de manera tímida pero continúa con sus preparativos para la guerra es porque avanzará. Si se comunica de manera combativa y avanza agresivamente es porque se retirará. Si sus carros de guerra ligeros se mueven primero y se sitúan en los flancos es porque está desplegando la formación para la batalla. Si no ha sufrido ninguna pérdida y propone la paz es porque está planeando algo. Si mueve rápidamente sus tropas en formación es porque ha llegado el momento de la batalla. Si la mitad de sus tropas avanza y la otra mitad se retira es porque no quiere tentar a luchar.

Si los soldados enemigos se apoyan en sus lanzas es porque están hambrientos. Si los que son enviados a buscar agua en los pozos beben primero es porque están sedientos. Si a pesar de tener una ventaja no avanzan a tomarla es porque están exhaustos.

Si las aves se agrupan en un lugar es porque el enemigo ha dejado un vacío. Si hay gritos en la noche es porque tienen miedo. Si hay agitación en las tropas es porque el comandante enemigo no es respetado. Si las banderas y los pendientes se mueven en desconcierto es porque reina el caos en las filas del enemigo. Si sus oficiales se molestan fácilmente es porque están cansados.

Si el enemigo sacrifica a sus caballos para alimentar a sus hombres es porque se les acabaron las provisiones. Si ya no tienen vasijas y no regresan al campamento es porque están desesperados.

Si hay rumores, comentarios y conversaciones en voz baja entre las tropas es porque el comandante enemigo ha perdido a sus hombres. Si las recompensas abundan es porque el enemigo está en problemas. Si los castigos abundan es porque está en una situación desesperada. Si un comandante es violento y luego les tiene miedo a las tropas es porque es extremadamente incompetente. Si los emisarios del enemigo vienen con palabras conciliatorias es porque quieren poner fin a las hostilidades.

Cuando un enemigo te confronta lleno de rabia, pero aun así evita el combate y no se retira de su posición, debes observarlo con mucho cuidado.

En la guerra, la superioridad numérica no es necesariamente lo que te da la ventaja, por lo que no debes atacar al enemigo confiando únicamente en la fuerza. Se deben consolidar las propias fuerzas, tener una visión clara del enemigo y ganar la confianza de las tropas. Eso será suficiente.

Solo el que no tenga planes y tome al enemigo a la ligera será con certeza capturado. Si castigas tropas que aún no te tienen devoción, no te obedecerán, y si no te obedecen, serán difíciles de utilizar. Pero una vez que las tropas te tengan devoción, si la disciplina no es impuesta, tampoco las podrás usar. Por tanto, ordénalos con las instituciones civiles y mantenlos en línea con una estricta disciplina militar, así la victoria será segura. Si se imparten las órdenes consistentemente con el objetivo de educar a los hombres, entonces obedecerán; si no se imparten con el objetivo de educar, entonces no obedecerán. Impartir las órdenes consistentemente creará una relación complementaria entre el comandante y sus hombres.

X

LA CONFIGURACIÓN DEL TERRENO

地形

EL MAESTRO SUN DIJO:

La configuración del terreno puede ser accesible, intrincada, igualadora, angosta, escabrosa o distante.

Al terreno en el que los dos ejércitos pueden aproximarse y alejarse libremente se le llama accesible. En el terreno de configuración accesible, el ejército que entre al campo de batalla ocupando primero la posición alta del lado soleado y estableciendo líneas de aprovisionamiento convenientes, luchará con la ventaja.

Al terreno que te permite avanzar, pero que dificulta la retirada, se le llama intrincado. En el terreno de configuración intrincada, si atacas al enemigo cuando no esté preparado, podrás vencerlo. Pero cuando el enemigo está preparado, si realizas un ataque y no lo vences, tendrás complicaciones para retirarte y quedarás en problemas.

El terreno que presenta desventajas tanto para nuestro lado

como para el enemigo es un terreno que conduce a una situación igualadora. En el terreno de configuración igualadora, aun cuando el enemigo nos tiente, no debemos morder el señuelo, sino abandonar nuestra posición y retirarnos. Habiendo atraído al enemigo a medio camino, podremos atacarlo teniendo la ventaja.

En el terreno angosto, si puedes ocuparlo primero, debes tenerlo bien guarnecido y esperar la venida del enemigo. Si el enemigo lo ha ocupado primero y lo ha guarnecido, no lo sigas, pero si falla en ello, lo puedes perseguir.

En el terreno escabroso, si puedes ocuparlo primero, debes tomar la posición alta y soleada y esperar al enemigo. Si el enemigo lo ha ocupado primero, abandona la posición y retírate, no lo sigas.

Cuando el enemigo está distante, si la posición estratégica de los dos bandos es casi la misma, no es fácil provocarlo, y llevar la batalla hacia él no nos proporciona la ventaja.

Este es el Tao de los seis terrenos. Estos son parte importante de la responsabilidad del comandante y deben ser investigados cuidadosamente.

En la guerra, un ejército puede sufrir deserción, desobediencia, colapso, ruptura, caos y derrota. Estas no son catástrofes naturales, sino responsabilidad del comandante.

Si la posición estratégica de los dos bandos es más o menos la misma, pero un ejército ataca a un enemigo que es diez veces más grande que él, el resultado será la deserción.

Si las tropas son fuertes pero los oficiales débiles, el resultado será la desobediencia. Si los oficiales son fuertes pero las tropas débiles, el resultado será el colapso.

Si los oficiales de rango están llenos de rabia y no son obedientes, al encontrarse con el enemigo permitirán que su rencor sea el estímulo de ataques independientes. El comandante entonces no entenderá la fuerza de sus propias tropas y el resultado será la ruptura.

Si el comandante es débil y permisivo, las órdenes y el Tao poco claros, sus oficiales y sus tropas poco disciplinados y sus formaciones en el campo desorganizadas, el resultado será el caos.

Si el comandante es incapaz de evaluar al enemigo, envía una fuerza pequeña para encontrarse con una grande y tropas débiles para atacar las tropas élite del enemigo, y opera sin una vanguardia selecta, el resultado será la derrota.

Estos seis factores son el Tao para llegar a la derrota. Forman parte importante de la responsabilidad del comandante y deben ser investigados cuidadosamente.

La configuración del terreno es un aliado en la batalla. Evaluar al enemigo y crear condiciones para la victoria, y analizar los lugares adversos y las distancias constituye el Tao del comandante superior. El que luche conociendo estos factores obtendrá con certeza la victoria. El que luche sin conocerlos con certeza será derrotado.

Si el Tao de la guerra te lleva a la victoria, debes insistir en luchar, aunque el gobernante se oponga a ello. Si el Tao de la guerra no te lleva a la victoria, debes negarte a luchar, aunque el gobernante insista en ello.

Por tanto, un comandante que avanza sin pensar en ganar renombre y se retira sin tratar de evitar castigo, cuya única preocupación es proteger a su gente y promover el interés del gobernante, es un tesoro para la nación.

Si un comandante considera a sus tropas como si fuesen niños recién nacidos, estos lo seguirán hasta los valles más profundos, y si los considera como si fuesen sus amados hijos, morirán junto a él. Si es generoso con ellos pero no lo obedecen, si los ama pero no siguen sus instrucciones, si es desordenado con ellos y no los puede gobernar, serán inútiles como niños consentidos.

Saber que nuestras tropas pueden atacar pero ignorar que el enemigo no puede ser atacado disminuye la oportunidad de la victoria a la mitad. Saber que el enemigo puede ser atacado pero ignorar que nuestras tropas no pueden atacar reduce la oportunidad de la victoria a la mitad. Saber que el enemigo puede ser atacado y que nuestras tropas pueden atacar pero ignorar que la configuración del terreno no nos favorece en la batalla reduce la oportunidad de la victoria a la mitad.

Así, el que entiende cómo moverse en la guerra, nunca se dirige en la dirección equivocada y cuando actúa no se encuentra en apuros.

Por tanto, se dice:

Conoce a tu enemigo y conócete a ti mismo, y en la victoria nunca encontrarás peligros.

Conoce el clima y conoce el terreno, y en la victoria dominarás.

XI

LOS NUEVE TERRENOS
九地

EL MAESTRO SUN DIJO:

En las normas del arte de la guerra se incluyen los tipos de terreno. Entre los tipos de terreno se encuentran: el terreno disperso, el terreno limitado, el terreno disputado, el terreno intermedio, el terreno de intersección, el terreno crucial, el terreno difícil, el terreno vulnerable a las emboscadas y el terreno mortal.

Cuando un señor feudal lucha dentro de su propio territorio, se está en un terreno que permite la dispersión de las tropas. Cuando apenas se ha penetrado el territorio enemigo, se está en un terreno limitado. Cuando un terreno nos da la ventaja o le da la ventaja al enemigo, se está en un terreno disputado. Cuando el terreno es accesible por ambos lados, se está en un terreno intermedio. Cuando las fronteras de varios Estados vecinos se encuentran, se está en un terreno de intersección. Cuando un ejército ha penetrado el territorio enemigo en profundidad y tiene muchas de las ciudades amuralladas y pueblos a sus espaldas, se está en un terreno crucial. Cuando hay montañas y bosques, pasos estrechos, pantanos o cualquier camino de paso engorroso, se está en un terreno difícil. Cuando un terreno tiene un acceso estrecho y una salida tortuosa, lo cual le permite a un enemigo con pocas tropas atacar la mayor parte de nuestro ejército, se está en un terreno vulnerable a emboscadas. Cuando en un terreno se sobrevive solo si se lucha utilizando todo el poderío disponible, pero se perece si esto no se hace, se está en un terreno mortal.

Por ello, no luches en terrenos donde se permite la dispersión de las tropas, no te detengas en terrenos limitados, no ataques al enemigo en terrenos disputados, no quedes incomunicado en terrenos intermedios, forma alianzas con tus vecinos en terrenos de intersección, saquea los recursos del enemigo en terrenos cruciales, avanza en terrenos difíciles, planifica cuidadosamente en terrenos vulnerables a emboscadas y lucha en terrenos mortales.

Los comandantes de la antigüedad, de los que se dice que eran excelentes en el uso de las tropas, eran capaces de asegurarse de que, con respecto al enemigo, la vanguardia y retaguardia no pudieran reemplazarse la una a la otra; la mayor parte de las tropas y las unidades especiales no pudieran depender las unas de las otras; los oficiales y los soldados no se pudieran ayudar los unos a los otros; los superiores y los inferiores no se pudieran comunicar los unos con los otros; si las tropas se dividían, no se pudieran reunir de nuevo, y cuando el ejército se constituía no pudieran organizar sus filas. Si era ventajoso, actuaban. Si no era ventajoso, se quedaban en su posición.

Si se me pregunta: "¿Qué se debe hacer si un enemigo siendo numeroso y disciplinado se nos aproxima?"; responderé: "Si te le adelantas y le quitas algo que él aprecia, podrás hacer lo que quieras".

En la guerra, la disposición de mayor importancia es la rapidez. Toma ventaja de lo que está más allá del alcance del enemigo al ir por rutas inesperadas y atacar donde no ha hecho preparaciones.

El Tao de un ejército invasor es el siguiente:

Cuanto más se penetre en territorio enemigo, mayor debe ser la cohesión de las tropas, y así habrá menor probabilidad de que el ejército enemigo pueda prevalecer. Al saquear los campos enemigos, se tendrán suficientes provisiones. Al atender la alimentación de las tropas, no llegarán estas a cansarse. Al incrementar su fuerza vital, acumularán gran poder.

Despliega las tropas y planea la estrategia de manera que el enemigo no pueda comprender tus movimientos. Conduce las tropas a una situación en la que no encuentren escapatoria, así escogerán la muerte antes que la deserción. Si no tienen otra opción que morir, los hombres y los oficiales lucharán con todas sus fuerzas.

Aun cuando las tropas se encuentren atrapadas, no sentirán temor, y no teniendo donde ir, mantendrán sólidamente su posición. Habiendo penetrado el territorio enemigo, se encuentran unidos y, de requerirlo, lucharán. Por ello, sin reprimendas, son cautelosos; sin coacción, llevan a cabo sus labores; sin obligación, son leales; sin necesidad de órdenes, son disciplinados. Prohíbe los augurios y dispersa las dudas, y aun encarando la muerte, no abandonarán sus puestos.

Nuestras tropas no tienen grandes riquezas, pero no es porque desprecien los bienes materiales. Su esperanza de vida es poca, pero no porque desprecien la longevidad. El día en que son enviados a la batalla, si están sentados, humedecerán el cuello de sus ropas con lágrimas y, si están acostados, las lágrimas les recorrerán las mejillas. Pero condúcelos a una situación sin salida y mostrarán la valentía de Chuan Chu o Ts'ao Kuei.

El experto en la guerra es como la serpiente Shuaijan de la montaña Heng. Si se le golpea en la cabeza, se ayuda con la cola; si se le golpea en la cola, se ayuda con la cabeza; si se le golpea en el medio, se ayuda con la cabeza y la cola.

Si se me pregunta: "¿Las tropas pueden ser entrenadas para que sean como la serpiente Shuaijan?"; respondo: "Sí, se puede". Los hombres de Wu y Yueh se desprecian mutuamente; pero si cruzaran un río en la misma embarcación y viniera una tormenta, se ayudarían el uno al otro como la mano izquierda y la derecha. Por tanto, no es suficiente con atar los caballos y enterrar las ruedas de los carros para que no se abandone el campo de batalla.

El Tao del gobierno lleva a unificar la valentía de todos por igual. El principio del uso del terreno hace que se obtengan resultados de los débiles y de los fuertes. Así, el experto en la guerra conduce a sus tropas como si los llevara a cada uno de la mano, por ello no pueden sino seguirlo.

El que dirige un ejército ha de ser tranquilo, para poder ser inescrutable y recto, para ser capaz de gobernar. Puede confundir la vista y el oído de los oficiales y tropas para que no conozcan su intención. Cambia sus planes y altera sus estratagemas para que no reconozcan su intención. Cambia su campamento y toma vías alternativas para que no puedan anticipar su intención. En el momento de la batalla, lidera las tropas como quien sube una escalera y luego la retira súbitamente. Penetra el territorio enemigo de los señores feudales y suelta el gatillo. Pastorea las tropas como ovejas, llevándolas de un lado a otro para que no se sepa hacia dónde van, y las reúne lanzándolas al peligro.

Los cambios de los nueve terrenos, las ventajas de la flexibilidad y el despliegue, y los principios de las características humanas han de ser investigados profundamente.

El Tao de un ejército invasor es el siguiente:

Cuanto más se penetre en territorio enemigo, mayor debe ser la cohesión de las tropas. Cuanto más superficial sea la entrada en territorio enemigo, con mayor facilidad se puede ser dispersado. Si abandonas tu territorio y cruzas con las tropas las fronteras enemigas, has entrado en terreno incomunicado. Si te encuentras en un lugar accesible por las cuatro direcciones, has entrado en territorio de intersección. Si has penetrado el territorio enemigo, estás en territorio crucial. Si has entrado superficialmente en territorio enemigo, estás en territorio limitado. Cuando a tus espaldas el enemigo tenga posiciones sólidas, y al frente, pasos estrechos, estarás en territorio vulnerable a emboscadas. Cuando no hay posibilidad alguna de salida, se está en territorio mortal.

Por tanto, en territorios donde las tropas pueden ser dispersadas, haría que tuvieran un solo propósito. En territorio limitado, mantendría a las tropas unidas. En territorio disputado, haría que la retaguardia acelerara la marcha. En territorio intermedio, les prestaría especial atención a las defensas. En territorios de intersección, observaría mis alianzas. En territorio crucial, mantendría un aprovisionamiento continuo. En territorio difícil, continuaría avanzando por la ruta. En territorio vulnerable a emboscadas, bloquearía los accesos y las salidas. En territorio mortal, les haría saber a las tropas que se luchará hasta el final.

El que lucha ha de caracterizarse por:

Resistir cuando está rodeado, luchar cuando tiene que hacerlo, obedecer las órdenes explícitamente cuando está en peligro.

A menos que conozcas los planes del enemigo, no podrás preparar alianzas. A menos que conozcas la configuración de las montañas, los bosques, los pasos estrechos, los obstáculos y los pantanos, no podrás movilizar el ejército. A menos que emplees guías locales, no podrás usar el terreno de manera ventajosa.

Si se ignora uno de estos puntos, no se tendrá el ejército de un rey conquistador. Cuando el ejército de un rey conquistador ataca a un Estado grande, no permite que el enemigo reúna sus tropas. Cuando muestra su prestigio e influencia, impide que otros se alíen con el enemigo. Por ello, no luches por alianzas, ni mantengas a los poderosos. Confía en ti mismo y muestra tu prestigio e influencia al enemigo, entonces podrás tomar sus ciudades y arruinar su Estado.

Confiere recompensas que no están en la ley y órdenes que no están dentro de las ordenanzas del gobierno, así dirigirás el ejército como si fuera un solo hombre. Utiliza las tropas, pero no reveles tu intención. Exponlos al peligro, pero no reveles las ventajas. Si los conduces a situaciones de vida o muerte, sobrevivirán. Si los llevas a territorios mortales, vivirán. Solo un ejército que está en una situación de peligro puede transformar la derrota en victoria.

Los asuntos de la guerra se encuentran en la interpretación cuidadosa de las intenciones del enemigo. Concentra la fortaleza en el enemigo y será vencido a mil *li* (500 kilómetros) de distancia. A eso se le conoce como "alcanzar el objetivo con habilidad y astucia".

Por esta razón, el día que se declare la guerra, cierra las fronteras y anula los salvoconductos. No dejes que transiten los emisarios enemigos. Ensaya los planes en el templo ancestral y finaliza la estrategia. Cuando el enemigo ofrece una oportunidad, debes tomarla de inmediato. Primero quítale algo que aprecie y mantén oculto el momento del ataque. Revisa la estrategia en dependencia de la conducta cambiante del enemigo para determinar cómo será la batalla.

Por tanto, al principio se tímido como una mujer, y el enemigo abrirá sus puertas. Luego se rápido como una liebre, y el enemigo no se podrá defender.

XII

EL ATAQUE CON FUEGO

火攻

EL MAESTRO SUN DIJO:

Hay cinco tipos de ataque con fuego: el primero consiste en incendiar a los hombres; el segundo, las provisiones; el tercero, los vehículos de transporte; el cuarto, los arsenales; el quinto, las instalaciones.

Para poder utilizar el fuego se deben tomar en cuenta ciertas circunstancias y se requiere de ciertas herramientas. Hay temporadas propicias para usarlo y días apropiados que ayudan a que se disperse. En las temporadas propicias, el clima es seco; en los días apropiados la luna pasa por las constelaciones del Cesto [Sagitario], el Muro [Pegaso], las Alas [Hidra] y el Carro [Corvus]. El paso por estas constelaciones marca los días en los que se levanta el viento.

En el ataque con fuego se debe adaptar la respuesta al enemigo de acuerdo con las circunstancias que generan los cinco tipos de dicho ataque. Cuando el fuego se propaga en el interior del campamento enemigo, responde pronto desde afuera. Si a pesar de que el campamento se encuentra en llamas, las tropas enemigas se mantienen en calma, espera pacientemente y no ataques. Deja que el fuego alcance su máxima extensión, y si puedes avanzar, hazlo. Si no puedes, mantén tu posición. Si puedes empezar un fuego desde afuera, no esperes para hacerlo en el interior, pero hazlo en el momento apropiado. Si el fuego es iniciado en la dirección del viento, no ataques en la dirección contraria. Si el viento sopla de día, la noche será tranquila.

En todos los casos, un ejército debe entender los cambios generados por los cinco tipos de ataque con fuego y hacer los cálculos necesarios para poder enfrentarlos.

Usar el fuego para ayudar el ataque será brillante.

Usar el agua para ayudar el ataque dará fortaleza.

El agua aísla al enemigo, pero no puede ser usada para quitarle sus pertenencias.

Si un comandante victorioso gana un botín y no recompensa a los que se lo merecen, generará una situación desastrosa y será conocido por su mezquindad.

El gobernante brillante considera esta situación con cuidado.

El buen comandante sabe recompensar.

Si no existe ventaja, no se moviliza.

Si no hay ganancia, no usa a las tropas.

Si la situación no es crítica, no inicia la guerra.

Un gobernante no debe movilizar las tropas porque esté furioso; un comandante no debe provocar una guerra porque esté indignado. Movilízate si tienes la ventaja, detente si no la tienes. La furia puede tornarse en alegría y la indignación puede tornarse en felicidad, pero un Estado que ha perecido no puede ser revivido y a los muertos no se les puede devolver la vida.

Por eso, un gobernante brillante es prudente y un comandante virtuoso es cauteloso. Este es el Tao que conduce a mantener un Estado seguro y a preservar el ejército.

XIII

EL USO DE LOS ESPÍAS

用間

EL MAESTRO SUN DIJO:

El costo sobre la gente y las arcas del gobierno para movilizar un ejército de cien mil soldados que marche por mil *li* (500 kilómetros) es de mil unidades de oro por día. Habrá una gran conmoción tanto dentro como fuera del Estado, la población marchará exhausta por los caminos y setecientas mil familias no podrán trabajar en el campo. Alargar un conflicto por años creyendo que se puede alcanzar la victoria en un solo día, todo ello porque se desconoce la situación del enemigo debido a que se escatima en el dispendio de títulos, recompensas y un centenar de piezas de oro, es el extremo de la inhumanidad. Tal persona no es alguien que pueda comandar hombres, ni aconsejar gobernantes, ni ser un gobernante victorioso.

La razón por la cual el gobernante brillante y el comandante virtuoso conquistan al enemigo en cada campaña que emprenden y tienen resultados mayores a los de la mayoría es debido a su previsión. Tal previsión no proviene ni de los espíritus, ni de los dioses, ni de la apariencia de la situación, ni de los cálculos astrológicos. Debe provenir de personas que conozcan las características del enemigo.

Hay cinco tipos de espías que pueden ser utilizados: los espías rurales, los espías internos, los agentes dobles, los espías sacrificables y los espías activos. Cuando los cinco tipos de espías están activos en conjunto y nadie conoce su Tao son como una "red imperceptible" y un tesoro para el gobernante.

Los espías rurales son los que provienen de las tierras del enemigo. Los espías internos son los utilizados cuando son oficiales del enemigo. Los agentes dobles son espías enemigos utilizados por nuestro bando. Los espías sacrificables son aquellos a los que se les da información falsa para que la transmitan al enemigo y los espías activos son los que traen información del enemigo.

En las operaciones del ejército nadie debe ser tratado con mayor cercanía que los espías, nadie debe ser mejor recompensado que los espías y nada debe ser tratado con mayor secreto que los asuntos relativos al espionaje.

Solo el más sabio es capaz de usar espías. Solo el más consumado y justo es capaz de ponerlos a su servicio. Solo el más sutil puede obtener información de los espías.

¡Sigilo! ¡Discreción! No hay lugar donde no se puedan usar los espías.

Cuando se oyen rumores sobre un asunto de espionaje antes de que la misión ocurra, se debe eliminar tanto al espía como a los que fueron informados.

Cuando se desea atacar ejércitos, sitiar ciudades amuralladas y asesinar enemigos, es necesario primero conocer quién está a cargo de la defensa, sus asociados, sus visitantes, los guardianes de las puertas y los sirvientes. Los espías deben estar a cargo de conseguir esa información.

Es necesario saber quién ha sido enviado por el enemigo para espiarnos. Se le debe dar beneficios para conducirlo a que trabaje para nosotros y que retorne, con el fin de convertirlo en un agente doble. A partir de lo que se pueda saber del agente doble, se podrán obtener y emplear espías rurales e internos. A partir de lo que se pueda saber de ellos, se conocerá la información falsa que se les dará a nuestros espías sacrificables para que se la transmitan al enemigo. A partir de lo que se pueda saber de ellos, los espías activos podrán completar su misión de acuerdo a los planes. El gobernante debe estar al tanto de las operaciones de los cinco tipos de espías y, ya que la información de los espías dobles es de gran importancia, estos deben ser tratados con generosidad.

En la antigüedad, el ascenso de la dinastía Shang fue gracias a Yin Yin, quien sirvió en la corte anterior de los Hsia; y el ascenso de la dinastía Chou fue gracias a Lu Ya, quien sirvió en la corte anterior de los Shang.

Por tanto, solo los gobernantes brillantes y los comandantes virtuosos que puedan usar a los hombres más inteligentes como espías alcanzarán grandes logros. Este es un requisito en la guerra; el movimiento de los ejércitos dependerá de ello.

EL ARTE DE LA GUERRA

孫臏兵法

Sun Pin

I

LA CAPTURA
DE P'ANG CHÜAN

擒龐涓

HACE UNOS AÑOS, EL regente de Liang iba a atacar Han-
tan, la capital del Estado de Chao, y para ello envió a su comandante Pan'g Chüan, quien llegó a Ch'ih-ch'iu con ochenta mil
soldados de infantería. Al enterarse de la situación, el regente de
Ch'i envió a su comandante T'ien Chi, quien alcanzó la frontera
con ochenta mil soldados de infantería.

Pan'g Chüan atacó [el pequeño principado de] Wei [para
llegar a Chao]. Cuando T'ien Chi supo que Pan'g Chüan iba a
atacar a Wei, le dijo a Sun Pin: "Pan'g Chüan está avanzando
hacia Wei, ¿debemos acudir en su ayuda?". Sun Pin respondió:
"Ayudar a Wei sería una mala estrategia". T'ien Chi insistió: "Si
no ayudamos a Wei, entonces, ¿qué debemos hacer?". Sun Pin
le respondió: "Sugiero que nos dirijamos al sur y ataquemos
P'ing-ling. Aunque sus fortificaciones son pequeñas, el territorio bajo su protección es extenso. Posee una gran población y

una amplia fortaleza militar. Puesto que es el centro de mando de la región de Tung-yang será difícil atacarla".

"Es por ello que le haremos creer al enemigo que tenemos planes ambivalentes. Si atacamos P'ing-ling, nos encontraríamos con el Estado de Sung al sur y el principado de Wei al norte, y Shih-ch'iu estaría en nuestro camino. Esta acción pondría nuestra cadena de suministros en peligro. Parecería que no tenemos noción alguna de las operaciones militares".

Fue así como el ejército de Ch'i levantó su campamento y se dirigió rápidamente a P'ing-ling. Cuando se aproximaban, T'ien Chi le preguntó a Sun Pin: "¿Qué debemos hacer ahora?". Sun Pin respondió: "¿Quiénes, de entre todos los oficiales regionales, no tienen ningún conocimiento sobre las operaciones militares?". T'ien Chi respondió: "Los oficiales Ch'i-cheng y Kao-t'ang". Sun Pin entonces explicó: "Sugiero el despliegue de las tropas bajo estos dos oficiales. En el camino a P'ing-ling deben pasar cerca de Heng y Chüan, donde se encuentran los accesos a la capital. Heng y Chüan son los centros de mando donde las tropas se encuentran equipadas con vehículos y armamento. Nuestra vanguardia atacará ferozmente, mientras que la mayor parte de nuestras fuerzas quedarán intactas. Las fuerzas que protegen los accesos a la capital atacarán y destruirán nuestra vanguardia por la retaguardia, y nuestros dos oficiales serán sacrificados".

Inmediatamente, los oficiales Ch'i-cheng y Kao-t'ang fueron separados en dos comandos que atacaron en bandada y asediaron P'ing-ling. Las fuerzas que protegían los accesos a la capital primero los cruzaron y luego los atacaron por la retaguardia, de modo que Ch'i-cheng y Kao-t'ang fueron completamente vencidos.

El comandante T'ien Chi convocó a Sun Pin y le dijo:

"Hemos atacado y fallado en nuestro intento de tomar P'ing-ling, y además hemos perdido a Ch'i-cheng y a Kao-t'ang, quienes fueron vencidos cuando se dirigían hacia la ciudad. ¿Ahora qué hacemos?". Sun Pin respondió: "Sugiero que enviemos algunos de nuestros carruajes ligeros hacia el oeste para que se desplacen velozmente a las afueras de la capital de Wei, de nombre Liang, y así provocar al enemigo. Divide la infantería en contingentes de poco tamaño para que cuando se aproximen al enemigo parezca que nuestras tropas son escasas".

T'ien Chi ejecutó el plan y, como habían previsto, Pan'g Chüan abandonó sus carruajes de provisiones y sus armas pesadas y se apresuró a hacer marchar sus tropas a Ta-liang. Sun Pin, sin darle descanso alguno a sus tropas, lo atacó mientras aquel se dirigía a Kuei-ling y lo capturó.

Se dice que Sun Pin hizo todo lo que debía hacerse.

II

AUDIENCIA CON EL REY WEI
見威王

DURANTE SU AUDIENCIA CON el rey Wei del Estado de Ch'i, Sun Pin le expresó lo siguiente: "En los asuntos de la guerra no existe una posición estratégica invariable que pueda ser aplicada en cualquier circunstancia. Este es el Tao que ha sido transmitido por los reyes sabios de la antigüedad. Una victoria militar puede restaurar Estados que han sido arruinados y fronteras que han desaparecido, pero, si no se obtiene la victoria, el Estado puede ser disminuido y puesto en riesgo. Por esta razón, los asuntos de la guerra deben ser examinados con gran cuidado.

Sin embargo, aquel que sienta placer en la guerra perecerá, y aquel que sienta codicia por los despojos de la victoria caerá en desgracia. La guerra no es para ser disfrutada y la victoria no es para el lucro. Actúa solo cuando se hayan hecho preparaciones exhaustivas.

Si las defensas están seguras, a pesar de tener fortificaciones limitadas, es porque la guarnición está bien aprovisionada. Si un

ejército es fuerte a pesar de ser pequeño, es porque es correcto.
No existe un ejército que pueda tener defensas seguras si no está
bien aprovisionado y no es correcto.

Cuando Yao estaba a cargo del imperio, había siete provincias que se relegaron e incumplían sus decretos. Dos de estas
estaban pobladas por bárbaros y las otras cuatro eran provincias
centrales. No fue sino hasta que Yao marchó hacia las provincias de la costa que la gente pudo vivir sin ser acosada, y no fue
sino hasta que marchó en contra de Kung-kung que las armas
pudieron ser almacenadas y dejadas en desuso. Con el paso de
los años, la salud del anciano Yao fue menguando y su habilidad para ordenar el imperio se fue cercenando; fue entonces
que decidió abdicar el trono y transferir la autoridad de todo
el imperio a Shun. Este atacó el Estado de Huan-tou y desterró
a sus pobladores a Kung, luego atacó y asesinó a Kun en el
monte Yü, atacó el Estado de Sanmiao y forzó a su población a
ir a la región de Wei. También exterminó a los pobladores del
Estado de Yühu. De los Estados centrales, solo Yumiao logró
sobrevivir y se mantuvo fuerte. Cuando la salud del anciano
Shun fue menguando y su habilidad para ordenar el imperio se
fue cercenando, decidió abdicar el trono y transferir la autoridad de todo el imperio a Yü. Este construyó la puerta Meng
y conectó los territorios de Hsia, taló ocho bosques y quemó
otros nueve, y en las fronteras occidentales anexó a los pobladores de Sanmiao. Un regente no puede simplemente vivir a
gusto, no hacer nada y recibir beneficios. Fue porque aquellos
ganaron batallas y fortalecieron su posición que el imperio se
sometió a su gobierno.

En la antigüedad, Shen Nung combatió contra Fu y Sui, y
el Emperador Amarillo contra Shu Yu. Yao atacó a Kung-kung
y T'ang expulsó a Chieh. El rey Wu atacó a Chou y cuando

los pobladores de Shangyen se rebelaron, el duque de Chou los aplastó".

Por tanto, hay algunos que dicen: "Aunque mis virtudes no se asemejan a las de los cinco emperadores, ni mis habilidades a las de los tres augustos, ni mi inteligencia a la del duque de Chou, le voy a poner fin al conflicto armado acumulando las virtudes de la moralidad, la rectitud, los rituales y la música [enseñadas por Confucio], y dejando las vestiduras flojas". Pero este no fue el objetivo que buscaron Yao y Shun, simplemente porque no se puede lograr, y es por ello que tomaron el camino de las armas para ponerle orden al imperio.

. . . .

III

PREGUNTAS DEL REY WEI

威王問

EL REY WEI DE Ch'i le preguntó a Sun Pin acerca del empleo de las tropas: "Si dos ejércitos de fuerzas equivalentes están enfrentados y se encuentran en una situación en la cual sus comandantes están igualados, los dos bandos están aferrados a sus posiciones, tienen defensas sólidas y ninguno se atreve a ser el primero en atacar, ¿qué se debe hacer?".

Sun Pin respondió: "Utiliza unas tropas ligeramente armadas para explorar la situación del enemigo. Dale la orden de ataque a un oficial de bajo rango, pero de gran valentía, y asume que esta acción no será una victoria sino una derrota. Entonces despliega tus fuerzas principales en emboscada y embiste los flancos del enemigo. A esto se le conoce como una gran ganancia".

El rey Wei preguntó entonces: "¿Existe el Tao para emplear una fuerza numerosa y una fuerza pequeña?".

Sun Pin respondió: "De hecho, existe".

"Si mi ejército es fuerte y numeroso y el del enemigo, pequeño y débil, ¿cómo debo emplear mis tropas?", preguntó el rey Wei.

Sun Pin hizo dos reverencias y dijo: "Esta es una pregunta digna de un rey perspicaz. Estar en una posición superior, tanto en números como en fortaleza, y aun así preguntar cómo se han de emplear las tropas es el Tao que conduce a tener un Estado seguro y a salvo. A esta táctica se le conoce como 'confrontar al enemigo'. Simulando tener una completa falta de disciplina en la formación de las tropas y las unidades se logrará incitar la ambición del enemigo, y así este seguramente se entregará de manera descuidada a la batalla".

El rey Wei preguntó: "¿Cómo debo emplear mis tropas si las fuerzas enemigas son numerosas y fuertes y las mías, pequeñas y débiles?". Sun Pin respondió: "A esta táctica se le conoce como 'darle paso al poder del enemigo'. Debes estar listo para cubrir tu retaguardia y así darle la posibilidad a tus fuerzas principales de poder realizar una retirada táctica. Coloca al frente la infantería que porta las armas largas y las tropas dedicadas al combate cuerpo a cuerpo en posiciones de soporte. Luego envía un contingente móvil de ballesteros para reforzar las acciones en la línea de batalla. Mantente estacionario hasta que el enemigo se desgaste".

El rey Wei preguntó: "Si los ejércitos se van acercando uno a otro, pero desconozco el tamaño de las fuerzas enemigas, ¿cómo debo emplear mis tropas?". Sun Pin respondió: "A esta táctica se le conoce como 'triunfar en una situación de riesgo'. Cuando el comandante de las fuerzas enemigas decide atacar de frente, confróntalo con tus fuerzas dividas en tres contingentes. Así se podrán ayudar los unos a los otros. Si puedes mantener una posición, mantenla. Si te puedes mover, muévete".

El rey Wei preguntó: "¿Cómo debo atacar a un invasor que se encuentra acorralado?". Sun Pin respondió: "No lo presiones. Espera a que sienta que tiene una oportunidad de sobrevivir".

El rey Wei preguntó: "¿Cómo debo atacar a un enemigo de fuerzas iguales a las mías?". Sun Pin respondió: "Confúndelo para que divida sus tropas, y luego atácalo con todas tus fuerzas. Debes ocultar bien tu plan. Si el enemigo no se divide, mantén tu posición y no vaciles. No ataques mientras haya incertidumbre".

El rey Wei preguntó: "¿Existe alguna manera de atacar a un enemigo que sea diez veces más fuerte que yo?". Sun Pin respondió: "Sí existe. Atácalo donde no esté preparado y dirígete hacia donde nunca se le ocurriría que lo harías".

El rey Wei preguntó: "Si un ejército se encuentra en un terreno plano y abierto, y tiene tropas disciplinadas, pero aun así es vencido, ¿cuál puede ser la razón?". Sun Pin respondió: "Es porque el ejército no tiene una vanguardia aguda con buena capacidad de asalto".

El rey Wei preguntó: "¿Cómo puedo estar seguro de que mis súbditos me obedecerán?". Sun Pin respondió: "Sé fiel a tu palabra". El rey Wei exclamó: "¡Excelente! ¡Su conocimiento sobre la mejor posición estratégica no tiene fin!".

T'ien Chi le preguntó a Sun Pin: "¿Qué puede obstruir el movimiento de las tropas? ¿Qué medidas pueden tomarse para acosar al enemigo? ¿Qué conduce a no poder capturar una fortificación amurallada? ¿Qué nos puede hacer perder la ventaja temporal? ¿Qué terreno es ventajoso? ¿Qué personal es ventajoso? ¿Cómo se pueden resolver estos seis problemas?".

Sun Pin respondió: "Existe una manera de resolver estas situaciones. El movimiento de las tropas puede ser obstruido al escoger mal el terreno de la batalla. Al enemigo se le acosa al exponerlo a un territorio peligroso. Es por eso que se dice que tres *li* (un kilómetro y medio) de pantano obstruirán el movimiento de las tropas. Al tratar de vadearlo, se atascarán los carruajes y la caballería. Por tanto, digo: el movimiento de las tropas es obstruido al escoger mal el terreno de la batalla, mientras que el acoso al enemigo se logra al exponerlo a terreno peligroso. La captura exitosa de las fortificaciones amuralladas será impedida por los fosos y las barricadas".

T'ien Chi preguntó: "Si una vez que se avanza se tiene una formación fija, ¿qué se puede hacer para que las tropas obedezcan las instrucciones?". Sun Pin respondió: "Mantén una disciplina estricta y con incentivos claros".

T'ien Chi entonces dijo: "¿Son las recompensas y los castigos asuntos de gran urgencia en las operaciones militares?". Sun Pin respondió: "Para nada. Las recompensas son un medio para levantar los ánimos y hacer que las tropas olviden la muerte. Los castigos son un medio para mantener el orden e inculcar respeto a la autoridad. Aunque pueden facilitar la victoria, no se encuentran entre los asuntos más urgentes".

T'ien Chi entonces preguntó: "¿Son la palanca, la ventaja estratégica, las tácticas y el engaño los asuntos de mayor urgencia en las operaciones militares?". Sun Pin respondió: "Para nada. La palanca es un medio para unir a las tropas. La ventaja estratégica es un medio para garantizar que luchen. Las tácticas son un medio para hacer que el enemigo se descuide y el engaño es un medio para acosar al enemigo. Aunque ambas pueden facilitar la victoria, no se encuentran entre los asuntos más urgentes".

T'ien Chi se enrojeció y dijo, irritado: "Estos seis factores son utilizados por todos aquellos que son buenos en las operaciones militares, y aun así sostienes que no son asuntos de urgencia. Si ese fuese el caso, ¿cuáles son los asuntos que deben ser considerados más urgentes?". Sun Pin respondió: "Al evaluar la situación del enemigo y analizar los obstáculos naturales se deben determinar las distancias relevantes: este es el Tao de un gran comandante. El asunto de mayor urgencia en las operaciones militares es siempre asumir una posición ofensiva en vez de defensiva".

T'ien Chi le preguntó a Sun Pin: "¿Hay alguna manera de evitar entablar un combate con el enemigo una vez que las tropas han sido desplegadas?". Sun Pin respondió: "Sí existe. Posiciona las tropas en posiciones estratégicas y refuerza las fortificaciones. Avísales a las tropas que se mantengan estacionarias. No permitas que te fuercen a tomar acción ni te dejes provocar".

T'ien Chi entonces preguntó: "¿Hay alguna manera de administrar una situación en la que no se tenga más opción que atacar a un enemigo que es numeroso y fuerte?". Sun Pin respondió: "Sí existe. Refuerza las fortificaciones y aviva el ánimo de las tropas, mantén una disciplina estricta y fomenta la solidaridad. Haz que el enemigo se vuelva arrogante. Evita sus asaltos y desgástalo sacándolo de sus posiciones. Atácalo donde no esté preparado, dirigiéndote a lugares donde al enemigo nunca se le ocurriría y asegúrate de que sea un conflicto prolongado".

T'ien Chi le preguntó a Sun Pin: "¿Cómo se utilizan las formaciones de punzón y del ganso salvaje? ¿Cómo se utilizan las unidades especiales de comando o los ballesteros francotiradores? ¿Cómo se utilizan la formación de remolino y las fuerzas principales de infantería?". Sun Pin respondió: "La formación de punzón se utiliza para penetrar las defensas más sólidas del enemigo y para mitigar su vanguardia. La formación del ganso salvaje se utiliza para atacar los flancos del enemigo y para enta-

blar combate con su retaguardia. Las unidades especiales de
comando se utilizan para atravesar las líneas enemigas y para
capturar a los oficiales de campo. Los ballesteros francotiradores
se utilizan para llevar a cabo un ataque constante. La formación
de remolino se utiliza para poder hacer giros y las fuerzas principales de infantería se utilizan para coordinar las asignaciones
y asegurar la victoria. El regente brillante y el comandante que
comprende el Tao —continuó Sun Pin— no cuentan únicamente con las fuerzas principales de infantería para tener éxito".

Cuando el maestro Sun Pin se hubo retirado, uno de sus
discípulos le preguntó: "¿Qué piensa de las preguntas hechas
por el rey Wei y por su ministro T'ien Chi?". Sun Pin respondió: "El rey Wei hizo nueve preguntas y T'ien Chi, siete. Están
cerca de entender las operaciones militares, pero no han logrado
obtener el Tao".

Lo escuché decir: "Aquellos que sean fieles a su palabra serán
prósperos y aquellos que defiendan lo correcto serán fuertes.
Cuando se emplee un ejército, aquellos que no hagan las preparaciones pertinentes sufrirán grandes pérdidas y aquellos que
agoten sus fuerzas de seguro perecerán. Me temo que el Estado
de Ch'i no perdurará por más de tres generaciones".

IV

T'IEN CHI PREGUNTA
SOBRE LAS DEFENSAS

陳忌問壘

T'IEN CHI LE PREGUNTÓ a Sun Pin: "Si las tropas son poco numerosas y no están en armonía, ¿qué medidas debo tomar?". Sun Pin respondió: "Esta es una pregunta que proviene de un comandante perspicaz. Es algo que la mayoría pasa por alto y no trata con urgencia". T'ien Chi preguntó: "¿Puedes explicarlo un poco mejor?".

"Seguro —respondió Sun Pin—. Esta es una táctica que puede ser utilizada en situaciones de emergencia, cuando se ha llevado al enemigo a caminos estrechos en los cuales no hay salida. De hecho, esta es la táctica que utilizamos para vencer a Pan'g Chüan y capturar al príncipe Shen".

T'ien Chi dijo entonces: "Espléndido, pero debido a que estos eventos ya ocurrieron no tenemos disponibles los detalles de la distribución de las tropas".

Sun Pin entonces comenzó a explicar: "Se utilizaron barricadas de zarzas como si fueran un foso y vagones y carruajes como una muralla. Se usaron filas de escudos como almenas para los arqueros. La infantería, portando sus armas largas, fue desplegada detrás de estos bastiones, de manera tal que reforzaron nuestras líneas de defensa cuando estas estaban fallando. Los lanceros fueron desplegados detrás de la infantería para que las armas largas pudieran reforzarla. Nuestras tropas de armas cortas, desplegadas detrás de los lanceros, tenían el propósito de evitar la retirada del enemigo y abordarlo cuando estaba siendo disminuido. Detrás de toda esta formación, nuestros ballesteros tenían la función de las catapultas y, ya que en el centro no había tropas, se llenó el espacio con árboles. Una vez que las tropas habían sido desplegadas, se les indicó a todas sus órdenes".

"La directiva fue la siguiente: 'Después de desplegar a los ballesteros detrás de la barricada de zarzas, disparen al enemigo de acuerdo con las órdenes establecidas'. Se distribuyeron los ballesteros y los soldados con alabardas de manera uniforme sobre la muralla. Sus órdenes fueron las siguientes: 'Solo se deben movilizar cuando reciban noticias de las unidades de exploración'. A cinco *li* (dos kilómetros) de nuestra posición se colocaron estaciones de guardia para que las tropas pudieran verse unas a otras. Si estas estaciones se encontraban en terreno alto, debían ser cuadradas; si se encontraban en terreno bajo, debían ser redondas. De noche, se debían dar señales con tambores, y durante el día, con banderas".

T'ien Chi preguntó: "¿Qué significa comprender el Tao?". Sun Pin respondió: "Tener previsión acerca de la victoria y la derrota es lo que se conoce como el Tao".

V

LA SELECCIÓN
DE LAS TROPAS

纂卒

EL MAESTRO SUN PIN dijo:

"La victoria militar consiste en hacer una selección apropiada de las tropas. La valentía de las tropas proviene de su adherencia estricta a las directivas. Su habilidad proviene de que aprovechan por completo la ventaja estratégica. Su agudeza en la batalla proviene de la fidelidad a sus palabras. Su virtud proviene de que comprenden el Tao de la guerra. Sus bienes materiales provienen del retorno inmediato a casa luego de una resolución expedita del conflicto. Su fortaleza proviene de darle a la gente paz y su ruina proviene de una guerra que no tiene fin".

Sun Pin continuó explicando: "La virtud en el gobernante hará que la guerra provea abundancia. Que los comandantes sean fieles a su palabra resultará en recompensas justas para las tropas. La aversión a la guerra es el instrumento real del gobernante y tener confianza plena en las tropas conduce a la victoria".

Sun Pin dijo: "Existen cinco condiciones que aseguran que se alcance la victoria de manera constante. Tener confianza plena en el gobernante y autoridad sobre el ejército conducirá a la victoria. Comprender el Tao de la guerra conducirá a la victoria. Ganarse el soporte de las tropas conducirá a la victoria. Mantener armonía entre los consejeros conducirá a la victoria. Analizar la situación del enemigo y de las dificultades del terreno conducirá a la victoria".

Sun Pin dijo: "Existen también cinco condiciones que conducen a la derrota. Que el gobernante mantenga a sus comandantes bajo su control conducirá a la derrota. Fallar en la comprensión del Tao de la guerra conducirá a la derrota. Estar en desacuerdo con los comandantes conducirá a la derrota. Fracasar en el uso de los espías conducirá a la derrota".

Sun Pin dijo: "La victoria es el resultado de la lealtad total, de ser justo con las recompensas, de seleccionar las tropas de manera apropiada y de aprovechar todas las deficiencias del enemigo. A estas condiciones para la victoria se les conoce como 'el gran tesoro de los asuntos militares'".

Sun Pin dijo: "Si un comandante no tiene confianza plena en el gobernante, no debe participar en la batalla. Para comandar de manera efectiva, lo primero que se requiere es ser siempre fiel con todo lo que se dice, lo segundo es ser leal; lo tercero es ser audaz. ¿Con quién se debe ser leal? Con el gobernante. ¿Cómo se puede ser fiel a la palabra? Al administrar las recompensas. ¿Cómo se debe mostrar audacia? Deshaciéndose de los incompetentes. Si no es leal al gobernante, no se atreverá a desplegar las tropas. Si no es fiel a su palabra, la gente no le tendrá gratitud. Si no se deshace de los incompetentes, no se le tendrá respeto".

VI

LA LUNA Y LA GUERRA

月戰

EL MAESTRO SUN PIN dijo: "No hay nada entre el cielo y la tierra con mayor valor que los seres humanos; pero en la guerra, el ser humano no es el único factor de importancia. Se debe tener la ventaja de los cielos, de la tierra y de los seres humanos; esto es, las condiciones ambientales, el terreno y la armonía entre las tropas. Si no es así, hasta una victoria resultaría desastrosa. Por esta razón los tres factores deben unirse antes de ir a la guerra. Se debe ir a la guerra solo cuando no existe otra alternativa".

"Por tanto, ve a la guerra en el momento apropiado para así no tener que convocar a las tropas una segunda vez. Si se va a la guerra sin considerar estos factores, es posible alcanzar algunas victorias menores, lo cual estaría relacionado con el calendario".

Sun Pin dijo: "Se puede contar con seis victorias por cada diez combates si se utilizan cálculos astrológicos. Ocho victorias en cada diez combates si se utilizan cálculos lunares. Nueve en cada diez combates si se utilizan cálculos lunares y astrológicos. Diez victorias en cada diez combates si el comandante es capaz de que sus tropas sobrepasen las tropas del enemigo".

Sun Pin dijo: "Existen cinco factores que imposibilitan la victoria. Si alguno de estos factores está presente, no se puede triunfar. En el Tao de la guerra hay casos en los que muchos mueren, pero los comandantes de las compañías no son capturados; casos en los que comandantes de las compañías son capturados, pero el campamento no es capturado; casos en los que el campamento es capturado, pero el comandante en jefe no es capturado; y casos en los que el ejército es destruido y el general asesinado. Pero si se sigue el Tao de la guerra, aun cuando el enemigo desee sobrevivir, no podrá hacerlo".

VII

LAS OCHO FORMACIONES

八陣

EL MAESTRO SUN PIN dijo:

"A un comandante que solo se enfoque en el intelecto no se le debe poner a cargo de las tropas, ya que estará demasiado seguro de sí mismo".

"A un comandante que solo se enfoque en la valentía no se le debe poner a cargo de las tropas, ya que solo buscará exaltar su propia ambición".

"A un comandante que tenga experiencia en muchas batallas, pero no tenga comprensión del Tao, no se le debe poner a cargo de las tropas, ya que su éxito será el resultado de una cuestión de suerte".

"En un Estado grande, con más de diez mil carros de combate, la única manera de adquirir estabilidad, realzar la influencia del gobernante y preservar la propiedad y la vida es comprender el Tao. El que comprenda el Tao entenderá el movimiento de los cielos y la topografía de la tierra. En el interior del Estado se ganará la confianza de las personas y, más allá de las fronteras, se comprenderá al enemigo. En el despliegue de las tropas, comprenderá el principio que fundamenta las ocho formaciones".

"Atacará solamente cuando vea la victoria con claridad y no se movilizará si no la ve con claridad. Así es el comandante digno de un gobernante".

Sun Pin dijo: "Cuando se aplican las ocho formaciones en una operación militar se debe tener en cuenta las ventajas que ofrece el terreno y adaptar las formaciones a estas condiciones".

"Divide el contingente mayor de las tropas en tres partes; cada uno de estos destacamentos debe tener una fuerza de vanguardia y soporte en la retaguardia. Todos deben esperar las órdenes para movilizarse. Uno de los destacamentos debe ser asignado al combate y los otros dos deben ser asignados a la reserva. Utiliza uno de los destacamentos para dirigir el asalto al enemigo, mientras que los otros dos deben ser contenidos. Donde el enemigo se encuentre débil y en caos, envía primero tus tropas de choque para obtener una ventaja estratégica de manera rápida; pero donde el enemigo sea fuerte y disciplinado, envía primero tus tropas débiles para que sirvan de cebo".

"Divide los carruajes y la caballería que se va a utilizar en el combate en tres destacamentos: uno para cada flanco y el tercero para la retaguardia. En terreno plano y fácil, utiliza los carros de guerra. En terreno irregular, utiliza la caballería, y en terreno escabroso y angosto, utiliza los ballesteros".

"Al tomar en cuenta tanto el terreno fácil como el escabroso, se debe distinguir entre aquellas partes que ofrecen una salida y las que, por el contrario, son una trampa mortal. El enemigo debe ser atacado cuando se encuentra atrapado en las partes del terreno que son mortales, a partir de la seguridad que ofrece el terreno donde se inicia el ataque".

VIII

EL TERRENO COMO TESORO
地篠

EL MAESTRO SUN PIN dijo:

"Con respecto al Tao del terreno, la parte *yang* corresponde a la superficie externa, mientras que la parte *yin* corresponde a la parte interna. Las partes rectas son como la urdimbre, y las técnicas son como la trama de la red. Si se manejan la urdimbre y la trama de manera apropiada, se pueden desplegar las tropas sin confusión. Los terrenos rectos están cubiertos de follaje y cultivos. Los terrenos entramados son trampas mortales".

"En el campo de batalla se deben considerar los siguientes factores: la fecha es esencial, y la dirección del viento y sus posibles alteraciones no deben ser ignoradas. Cruzar un río, luchar contra una posición alta, moverse contracorriente, ocupar terreno letal o luchar frente a un bosque son todas situaciones que deben ser evitadas. Estas cinco situaciones pueden conducir a la derrota".

"Una posición en la pendiente sur de una montaña es segura,

mientras que una posición en la pendiente occidental es mortal. Un río que fluye hacia el este es seguro, mientras que uno que fluye hacia el norte es mortal. Si una corriente de agua no fluye en lo absoluto, de seguro será mortal".

"Con respecto a los méritos de los cinco tipos de terrenos: una posición en una montaña prevalece sobre una en tierras altas; una en tierras altas prevalece sobre una en una colina; una en una colina, sobre una en un montículo; y una en un montículo, sobre una en planicies con árboles".

"Hay cinco tipos de vegetación que conducen a obtener una victoria: setos, zarzas, matorrales, hierbas y gramas. En tanto a los cinco tipos de suelo, el verde prevalece sobre el amarillo, el amarillo sobre el negro, el negro sobre el rojo, el rojo sobre el blanco y el blanco sobre el verde".

"Hay cinco tipos de terreno que conducen a la derrota: valles, ríos, pantanos, ciénagas y cañones".

"Hay cinco tipos de terreno que son absolutamente fatales: los pozos naturales, los corrales, las redes, las grietas y los hoyos. Pueden ser considerados como 'tumbas' y son, por tanto, mortales. No se debe acampar en ellos y deben evitarse a toda costa".

"En la primavera y el verano no se debe descender. En el otoño y el invierno no se debe ascender".

"Al emplazar y dirigir las tropas, asegúrate de que no tengan terrenos altos al frente o a su derecha".

"Rodea la montaña por la derecha y no por la izquierda".

IX

LA PREPARACIÓN DE LA VENTAJA ESTRATÉGICA

勢備

EL MAESTRO SUN PIN dijo:

"Es el Tao natural de los animales que tengan colmillos en sus fauces, cuernos en sus cabezas, garras y espuelas en sus patas y se reúnan cuando están felices y peleen cuando se enfadan. El Tao no puede ser de otra manera. Por tanto, los animales que no están equipados con armas naturales tienen que desarrollar sus propias defensas. Los sabios son los que se ocuparon de este asunto".

"El Emperador Amarillo creó la espada; la noción de la formación y el despliegue militar se basa en esa arma. Yi creó el arco y la ballesta; la noción de la ventaja estratégica se basa en esas armas. Yü creó el navío y el carruaje; la noción de la adaptabilidad se basa en ellos. T'ang y Wu crearon el arma larga; la noción de ponderar usando una balanza se basa en esa arma".

"Estas cuatro nociones —la formación y el despliegue militar, la ventaja estratégica, la adaptabilidad y el ponderar usando una balanza— son todas maneras de usar las armas".

"¿Cómo se puede saber que la espada corresponde a la formación y el despliegue militar? Portamos una espada desde la mañana hasta la noche, pero no necesariamente la usamos. Por tanto, se dice: 'Cuando se despliegan las tropas en formación sin asignarlas al combate, es el momento en que la espada ejemplifica la formación militar'".

"Si una espada no tiene punta, aunque se tenga la valentía de Meng Pen, no se la debe usar para tratar de atacar al enemigo. Si alguien tuviese la valentía de Meng Pen y se atreviera a liderizar las tropas en una batalla donde la formación de ataque no tenga una fuerza de asalto en la vanguardia, no haría sino manifestar la cúspide de la estupidez en los asuntos de la guerra".

"Si una espada no tiene empuñadura, aunque fuese portada por un guerrero experto, no podría herir a nadie. Para alguien que no sea un guerrero experto, atreverse a liderizar tropas en una batalla donde la formación de ataque no tenga soporte en la retaguardia no haría sino manifestar una total ignorancia acerca de las realidades de la guerra".

"Por tanto, solo cuando una formación desplegada tiene su vanguardia y su retaguardia como una espada es que el enemigo seguramente se dará a la fuga".

"¿Cómo se sabe que el arco y la ballesta corresponden a la ventaja estratégica? Un arquero dispara entre los hombros y el pecho, acertándole a un soldado ubicado a una distancia de más de cien pasos, el cual no tiene ni idea de la ruta de la flecha. Por tanto, se dice: 'El arco y la ballesta corresponden a la ventaja estratégica'".

"¿Cómo se sabe que el navío y el carruaje corresponden a la adaptabilidad? Si el nivel del agua es alto, los navíos y los carruajes se mueven a ese nivel. Si el nivel del agua es bajo, se mueven a ese nivel. Por tanto, se dice: 'El navío y el carruaje corresponden a la adaptabilidad' ".

"¿Cómo se sabe que las armas largas corresponden a ponderar con la balanza? Al atacar al enemigo, ya sea por lo alto o por lo bajo, por la derecha o por la izquierda, es posible lacerar su cráneo y destrozar sus brazos y hombros. Por tanto, se dice: 'Las armas largas corresponden a ponderar con la balanza' ".

"En general, estos cuatro usos apropiados de las armas son la manera de alcanzar el Tao. El que comprenda el Tao será exitoso en la batalla y será un líder reconocido. Pero aquel que trate de utilizar un ejército y no comprenda el Tao será vencido".

"En general, existen cuatro aspectos del Tao de la guerra: la formación y el despliegue militar, la ventaja estratégica, la adaptabilidad y ponderar con la balanza. Una completa comprensión de estos cuatro aspectos permitirá destruir a un enemigo poderoso y capturar a su comandante temible".

"Al desplegar un ejército se logra la ventaja estratégica cuando se ataca al enemigo donde no esté preparado, por lugares inesperados, y cuando se ataca lo cercano desde lo distante. Ser adaptable es atacar lo distante a partir de lo cercano. Utilizar la ponderación de la balanza es desplegar las banderas durante el día y tocar los tambores en la noche para dirigir las tropas en la batalla".

"Estos son los cuatro tipos de uso de las armas. Muchos utilizan las armas, pero no comprenden el Tao. Aquellos que comprendan estos usos estarán seguros, y los que no los entiendan, perecerán".

X

LA NATURALEZA
DE LA GUERRA

兵情

EL MAESTRO SUN PIN dijo:

"Para conocer la naturaleza de la guerra se deben utilizar como modelos la ballesta y la flecha. La flecha corresponde a las tropas, la ballesta es el comandante y el ballestero es el gobernante. Con una cabeza de metal en la punta del asta y plumas en la parte posterior, la flecha puede volar con velocidad y penetrar con agudeza porque tiene peso al frente y es ligera en la parte de atrás".

"Ahora bien, al desplegar las tropas, si las pesadas son distribuidas en la retaguardia mientras que las ligeras son colocadas al frente, todo irá bien cuando están formadas, pero la disciplina fallará cuando se inicie el ataque al enemigo porque el comandante ha desplegado sus tropas sin tomar en cuenta la flecha como modelo".

"La ballesta corresponde al comandante. Si al disparar, la cruz de la ballesta es imperfecta —es decir, tiene un lado más fuerte que el otro—, los lados se estarán confrontando el uno al otro. Aunque el peso de la flecha esté bien distribuido y las partes estén bien ajustadas, no dará en el blanco. Si el comandante no ha logrado establecer armonía en el propósito de las tropas, aunque estas estén bien desplegadas en el frente y la retaguardia, no podrá triunfar sobre un enemigo. Aun cuando el peso de la flecha se encuentre bien distribuido, las partes estén bien ajustadas y la cruz de la ballesta esté balanceada, si la mente del ballestero no se encuentra en armonía, no dará en el blanco".

"Aun cuando la fortaleza de las tropas se encuentre distribuida apropiadamente y estas hayan sido apropiadamente desplegadas en el frente y la retaguardia, y exista armonía en el propósito entre el comandante y las tropas, si las directivas del gobernante no son efectivas, no podrá triunfar sobre su enemigo. Por tanto, se dice: 'Para que la ballesta dé en el blanco se deben satisfacer las cuatro condiciones'".

"Para que las operaciones militares sean efectivas debe haber coordinación entre el gobernante, el comandante y las tropas. Por tanto, se dice: 'El triunfo sobre el enemigo no es diferente al tiro certero de la ballesta en el blanco'. Este es el Tao de la guerra".

XI

LA SELECCIÓN DEL PERSONAL

行篡

EL MAESTRO SUN DIJO:

"El Tao de la guerra y el de la lealtad de la gente son semejantes a pesar un objeto en una balanza con escalas. Una balanza con escalas debe ser utilizada para seleccionar y promover a los sabios. La relación entre el *yin* y el *yang* debe ser utilizada para reunir a las tropas y entablar la batalla. El método inagotable consiste en tener una balanza con escalas a la que se le agreguen o se le quiten pesos para que sea siempre exacta. La valoración del mérito a través de la balanza se basa en la idoneidad como criterio único, al igual que el talento dentro y fuera de la corte".

"La riqueza del individuo y del Estado son una y la misma. Hay algunos que tienen suficientes bienes materiales para malgastar, pero les falta longevidad, y otros que tienen años de sobra, pero pocos bienes materiales. Solo el gobernante brillante o el sabio tienen conocimiento verdadero sobre esto y por ello las personas les son fieles. De esa manera, las pérdidas en la gue-

rra no serán causa de aflicción y aquellos que pierden su riqueza
y posición no se sentirán utilizados. Todos darán lo mejor de sí
mismos. Así, los que se encuentren cerca no serán desobedientes
y los que se encuentren lejos no serán saboteadores".

"Cuando los bienes materiales sean abundantes, la situación
será manejable. Cuando la situación sea manejable, las personas
no les estarán agradecidas a sus superiores. Pero cuando los bienes
materiales sean escasos, las personas acudirán a sus superiores.
Cuando acudan a sus superiores, entonces todos les tendrán gran
estima a sus líderes. Ya que este es el caso, soborna a las personas
dándoles algo que no tienen ningún derecho de pedirte, ya que
quieres algo de ellas que no tienes derecho de pedirles. Este es
un principio con gran tradición en las operaciones militares, y
es el tesoro del Estado lo que permite que se pueda establecer
un ejército".

XII

EL SACRIFICIO EN LA BATALLA

殺士

EL MAESTRO SUN PIN dijo:

"Si tienes claridad en los incentivos del rango y del salario, los soldados serán capaces de morir por ti".

"Si tienes claridad en las recompensas y los castigos, los soldados serán capaces de morir por ti".

"Si el comandante es capaz de ser humilde, los soldados serán capaces de morir por él".

"Sé consciente de los soldados a los que se les pueda tener confianza y no dejes que otros se entrometan entre ellos y tú".

"Solo ve a la batalla cuando la victoria sea segura, pero no le dejes saber esto a nadie".

XIII

AVIVAR LA ENERGÍA

延氣

EL MAESTRO SUN PIN dijo:

"Cuando se ensambla un ejército y se moviliza a la población para la guerra, se debe hacer mucho esfuerzo por avivar su energía. Cuando el ejército esté en marcha, se debe hacer el esfuerzo de mantener las armas en óptimas condiciones y afinar la energía de las tropas. Al acercarse a la frontera del enemigo se debe exaltar el espíritu marcial de las tropas. Cuando se decida el día de la batalla, se debe hacer todo el esfuerzo posible para eliminar cualquier influencia externa. Ese día, justo antes de iniciar el combate, se debe hacer todo el esfuerzo posible para estimular la energía de las tropas. Si no se hace esto, el comportamiento de las tropas será poco riguroso, y si estas son poco rigurosas, serán difíciles de usar. No podrán ser unidas en un propósito único y de seguro serán vencidas".

"Si se acampa en un terreno fácil y se tiene un ejército numeroso que recibe el honor que merece, el enemigo será vencido con seguridad. Cuando la energía de las tropas no se aviva, estas se sentirán desanimadas, y cuando estén desanimadas, no estarán a la altura de la ocasión y perderán la ventaja, lo cual conducirá a su derrota. Cuando su energía no sea avivada, se sentirán intimidadas, y cuando se sientan intimidadas, de seguro serán vencidas. Si no se eliminan las interferencias externas, las tropas estarán en comunicación con otros, y si están en comunicación con otros, no estarán unidas y se dispersarán fácilmente".

"Un ejército que se dispersa fácilmente cuando está a punto de confrontar a un enemigo será con seguridad vencido. Si la energía no es avivada en ese momento, entonces el ejército no sabrá cuándo actuar y cuándo detenerse, y si no sabe cuándo actuar ni cuándo detenerse, con seguridad será vencido".

"La mejor manera de avivar la energía del ejército es impresionándolo. Las órdenes del comandante deben avivar la energía de las tropas. El comandante se deberá mover entre las tropas usando una túnica corta o una capa simple para alentar el propósito común y así avivar su energía. El comandante deberá ordenar a las tropas que preparen las raciones para el día y no deberá permitir mensajes ni envíos provenientes de sus hogares. De la misma manera, no se deberán despachar mensajeros hacia los hogares, para eliminar las interferencias externas. El comandante deberá convocar a sus guardaespaldas e informarles acerca de lo que se debe consumir, y esto hará que se avive y se mantenga la energía".

XIV

LAS ASIGNACIONES

官一

EL MAESTRO SUN PIN dijo:

"Al colocar las tropas, facilitar los cambios en las formaciones de batalla y desplegar los batallones armados, las posiciones deben ser asignadas basados en la aptitud del individuo. Los puestos de mando deben ser designados utilizando estandartes de colores".

"Coloca banderines a los carros de combate para distinguir su designación y estatus. Despliega las tropas en base a su lugar de origen y en base a sus afiliaciones locales. Los comandantes deben asignarse en base a las afiliaciones locales. Las tropas que pueden ser confundidas con facilidad deben ser diferenciadas utilizando banderas y estandartes. Enfatiza la repetición de las órdenes de batalla, haciendo que las tropas más lentas mantengan el paso de las más rápidas, y mantenlas en formación cerrada haciendo que marchen hombro con hombro".

"Pisotea las fuerzas enemigas utilizando la 'formación trenzada'. Acosa al enemigo y cánsalo usando la 'formación de detención'. Dirige tus tropas usando la 'formación amenazante' y envía a tus arqueros a la batalla usando la 'formación de la nube'. Resiste una emboscada usando la 'acción envolvente'. Ocupa el acceso al enemigo usando la 'acción de bloqueo'. Ve al auxilio de fuerzas aliadas usando la 'acción de contacto' y lanza ataques diversos avanzando en líneas irregulares".

"Utiliza tus destacamentos pesados para atacar fuerzas concentradas. Utiliza tus destacamentos ligeros para atacar fuerzas dispersas. Ataca enclaves montañosos estratégicos con un destacamento de terraplenes móviles. Al desplegar las tropas en terreno fácil y plano utiliza la 'formación de cuadrado'. Al enfrentar el enemigo en terreno montañoso utiliza la 'formación de cuerno'. Al desplegar las tropas en terreno estratégico, utiliza la 'formación de círculo'".

"Cuando estés atacando a un enemigo en proceso de retirada en un terreno plano, utiliza todas las armas disponibles. Cuando estés en un terreno con ventaja estratégica en el cual ocupas la posición alta, utiliza los flancos. Cuando ataques a un enemigo desgastado, utiliza tu vanguardia en forma de pico".

"Mantén una posición estratégica y libera un paso dominado por el enemigo usando la táctica del control de la distancia. En terrenos con maleza densa utiliza la táctica del control de la distancia. Una vez que ganes la batalla, mantén la formación para promover los intereses nacionales".

"Para establecer un lugar para ocultarte, utiliza las partes cóncavas de las montañas. Si el camino está cubierto por grandes cantidades de maleza, avanza utilizando una formación serpenteante. Para facilitar el movimiento de las tropas cuando se encuentren cansadas, utiliza la formación del 'ganso salvaje'.

Para posiciones estratégicas importantes despliega la 'formación de asedio cerrado'".

"En una retirada serpenteante utiliza la vanguardia en direcciones diversas. Para ello has de hacer un movimiento avanzando a través de montañas y terreno boscoso. Si atacas la capital o las ciudades acuarteladas a través de las vías fluviales de seguro tendrás éxito. Lleva a cabo una retirada nocturna con instrucciones claras. Para tener seguridad nocturna establece un sistema de cuentas y pasos vigilados".

"Ataca a un invasor usando los soldados de choque. Confronta las tropas cerradas del enemigo con líneas cerradas de carros de guerra. Lanza bombas incendiarias desde los carros de guerra sobre los vagones y almacenes de suministro, y despliega una vanguardia usando la 'formación de punzón'".

"Despliega contingentes pequeños para que entre ellos se logre una fuerza combinada. El propósito de esto es evitar ser rodeado por el enemigo. Para consolidar la interconexión de las tropas se deben organizar las columnas y coordinar las unidades con estandartes".

"Cuando las nubes se acumulen en capas, se debe tener cuidado y no actuar ni atacar de manera impaciente. Cuando los relámpagos o los remolinos desordenen la formación del enemigo, se debe tomar ventaja de su indecisión".

"A través de los planes encubiertos y el engaño se debe atraer al enemigo a la batalla. La manera de entablar una batalla en terreno montañoso es dando la impresión de que se está disperso y se es inefectivo. Con un ataque astuto es que se debe embestir a un enemigo que cruza un río. La manera de confundir al enemigo es atacándolo de forma repentina y donde menos lo espera. Para confundir al enemigo se deben colocar banderines en la distancia y marchar con estandartes de colores brillantes".

"En la 'formación de torbellino' se deben usar carruajes livianos para perseguir al enemigo en caso de que trate de fugarse. La mejor manera de evitar un asalto posterior y de mayor fuerza por parte del enemigo es avanzando de manera rápida después de haberlo aniquilado. Un enemigo que se mueve por un desfiladero debe ser atacado con un destacamento ligero y veloz".

"La manera de ponerle un cebo al enemigo para que inicie una persecución es presentándole tropas heterogéneas, mal vestidas y sin disciplina. La manera de atacar la vanguardia del enemigo es desplegando tropas selectas, bien entrenadas y ágiles. El bastión del enemigo debe ser atacado con una formación de tropas sólidas y leales. El enemigo debe ser desconcertado y confundido, primero inspeccionando el área y luego colocando una serie de cortinas".

"Abandonando a propósito algunas provisiones es como se le coloca un cebo al enemigo. Repitiendo asaltos destructivos es como se desgasta al enemigo. Se debe patrullar durante el día y hacer sonar una señal para acampar cuando se haga de noche. La victoria se facilita cuando se llevan suficientes provisiones. Las incursiones enemigas deben resistirse con firmeza. La manera de zafarse de una situación desesperada es declarando la retirada".

XV

LOS CINCO MÉTODOS DE ENTRENAMIENTO

五教法

EL MAESTRO SUN PIN dijo:

"Aquellos que son buenos entrenando sus tropas lo hacen en el nivel básico, en vez de cambiar sus tácticas cada vez que van a actuar. Por tanto, se dice que existen cinco tipos de entrenamiento: primero, el entrenamiento necesario para ocupar una posición en el Estado; segundo, el entrenamiento necesario para mantener una columna en el campo de batalla; tercero, el entrenamiento necesario para ocupar una posición en el campo de batalla; cuarto, el entrenamiento necesario para ocupar una posición en una formación de batalla; y quinto, el entrenamiento necesario para tomar una posición de ventaja estratégica oculta del enemigo".

"¿Qué tipo de entrenamiento es necesario para tomar una posición en el Estado? La lealtad filial, la fraternidad y la excelencia son las virtudes que debe tener todo soldado. Si un soldado no posee ni siquiera una de ellas, aunque sea un arquero eficaz, no podrá ocupar un puesto en un carro de batalla. Es por ello que el arquero experto se coloca del lado izquierdo, al auriga experto se le hace conducir el carro y al que no tiene ninguna habilidad se le coloca del lado derecho. Siguiendo este principio, si se distribuyen tres soldados en un carro, cinco en un escuadrón, diez en un pelotón, cien en una compañía, mil en un regimiento y diez mil en una división, un gran número de tropas podrá ser desplegado de manera efectiva. Ese es el tipo de entrenamiento que es necesario para ocupar un puesto en el Estado".

"¿Qué tipo de entrenamiento es necesario para mantener una columna de soldados en el campo de batalla? Aun cuando los carros de batalla estén averiados y los caballos de guerra se encuentren exhaustos, se les debe asignar un comandante adecuado. El terreno estratégico será tomado gracias a este liderazgo".

"¿Qué tipo de entrenamiento es necesario para ocupar una posición en el campo de batalla? Las armas, las tiendas de campaña, los vehículos y las armaduras son el tipo de equipo necesario para cualquier formación de batalla. Entre ellos se debe desarrollar lo que sea necesario. Ese es el tipo de entrenamiento necesario para ocupar una posición en el campo de batalla".

XVI

EL FORTALECIMIENTO DE LAS ACCIONES MILITARES

強兵

EL REY WEI DEL Estado de Ch'i le dijo al maestro Sun Pin: "Los eruditos del Estado de Ch'i, encargados de aconsejarme acerca de cómo fortalecer las acciones militares, se expresan de distintas maneras cuando explican el Tao de la guerra. Algunos me enseñan a usar instrucciones administrativas, otros me enseñan acerca del acopio de reservas. Unos me dicen que use las provisiones de manera liberal y otros me enseñan acerca de la quietud".

El maestro Sun Pin respondió: "Nada de eso es en realidad crucial para fortalecer las acciones militares. Lo más importante es hacer que el Estado sea próspero".

BIBLIOGRAFÍA

- Ames, Roger T. *Sun Tzu: The Art of Warfare*. Nueva York: Ballantine, 1993.
- Bauer, Wolfgang. *Historia de la filosofía china*. Barcelona: Herder, 2009.
- Cheng, Anne. *Historia del pensamiento chino*. Barcelona: Bellaterra, 2002.
- Cleary, Thomas. *The Lost Art of War*. San Francisco: HarperCollins Press, 1996.
- Colson, Bruno. *Napoleón: De la guerra*. Madrid: La Esfera de los Libros, 2016.
- Couderc, Yann. *Sun Tzu en France*. París: Nuvis, 2012.
- Galvany, Albert. *Sunzi: El arte de la guerra*. Madrid: Trotta, 2001.
- Graham, Angus Charles. *El Dao en disputa: La argumentación filosófica en la China antigua*. México: Fondo de Cultura Económica, 2012.

- Granet, Marcel. *El pensamiento chino.* Madrid: Trotta, 2013.

- Harris, Peter. *Sun Tzu: The Art of War.* Nueva York: Everyman's Library, 2018.

- Jullien, François. *La propensión de las cosas: Para una historia de la eficacia en China.* Barcelona: Anthropos, 2000.

- Lau, D.C., y Ames, Roger T. *Sun Bin: The Art of Warfare: A Translation of the Classic Chinese Work of Philosophy and Strategy.* Albany: State University of New York Press, 2003.

- Mair, Victor H. *The Art of War: Sun Zi's Military Methods.* Nueva York: Columbia Unversity Press, 2007.

- Ramírez Bellerín, Laureano. *Arte de la guerra de Sunzi.* Madrid: La Esfera de los Libros, 2006.

- Roberts, Andrew. *Napoleón.* Madrid: Ediciones Palabra, 2016.

- Sawyer, Ralph D. *Sun Pin: Military Methods.* Boulder: Westview Press, 1995.

- Wu, Renjie. *Hsin-I Sun Tzu Tupen.* Taipéi: Sanmin Shuju, 2007.

- Yuen, Derek M.C. *Deciphering Sun Tzu: How to Read the Art of War.* Nueva York: Oxford University Press, 2014.

SOBRE EL TRADUCTOR

Alejandro Bárcenas es doctor y magíster en filosofía oriental y comparada por la Universidad de Hawái. Recibió su licenciatura en filosofía de la Universidad Central de Venezuela y actualmente ejerce como profesor asociado en la Universidad Estatal de Texas, donde se encuentra a cargo de la cátedra de Historia de la filosofía. Es autor del libro *Machiavelli's Art of Politics*, y sus ensayos y traducciones han sido publicados en Australia, Colombia, España, Estados Unidos, Holanda, Italia, Japón, el Reino Unido y Venezuela.